原中央苏区振兴对策研究
主编 陈绵水

2011年赣闽粤发改委"中央苏区振兴重大研究课题"成果

公共服务能力视角下的原中央苏区基础设施建设研究

李晓园 郑双胜 著

中国社会科学出版社

图书在版编目（CIP）数据

公共服务能力视角下的原中央苏区基础设施建设研究／李晓园，
郑双胜著 . —北京：中国社会科学出版社，2014. 12
ISBN 978 - 7 - 5161 - 5327 - 7

Ⅰ . ①公… Ⅱ . ①李… ②郑… Ⅲ . ①中央苏区—基础设施
建设—研究 Ⅳ . ①K269. 4②F294. 1

中国版本图书馆 CIP 数据核字（2014）第 308025 号

出 版 人	赵剑英
责任编辑	王半牧
责任校对	石春梅
责任印制	何 艳

出 版	中国社会科学出版社
社 址	北京鼓楼西大街甲 158 号
邮 编	100720
网 址	http://www. csspw. cn
发 行 部	010 - 84083685
门 市 部	010 - 84029450
经 销	新华书店及其他书店

印刷装订	北京市兴怀印刷厂
版 次	2014 年 12 月第 1 版
印 次	2014 年 12 月第 1 次印刷

开 本	710×1000 1/16
印 张	13. 75
插 页	2
字 数	218 千字
定 价	45. 00 元

前　　言

　　《公共服务能力视角下的原中央苏区基础设施建设研究》是江西师范大学苏区振兴研究院院长陈绵水教授主编的《原中央苏区振兴对策研究》之第一卷，是基于李晓园教授主持的 2011 年赣闽粤三省发改委设立、面向海内外招标的"中央苏区振兴重大研究课题"《中央苏区基础设施和公共服务能力建设研究》的研究成果修改而成，是中央苏区振兴研究院对原中央苏区经济社会发展现状及对策研究的又一重要成果。

　　本书写作缘起党和国家对原中央苏区的现实关怀。原中央苏区是第二次国内革命战争时期，中国共产党在以瑞金为中心的赣南、闽西和粤北建立的中央革命根据地。原中央苏区在中国革命斗争中地位特殊，为中国革命的胜利做出过特殊贡献，但是因多种原因，原中央苏区贫困面广、贫困程度深，呈现整体深度贫困状态。2011 年是中央革命根据地创建暨中华苏维埃共和国临时中央政府成立 80 周年。为科学编制原中央苏区振兴规划，该年 6 月江西、福建、广东三省发改委正式签署合作协议，共同开展原中央苏区振兴重大研究课题招标工作，设立了十大课题，为向国家积极申请编制相关规划并上升为国家战略进行前期准备和基础性工作。以李晓园教授为课题组长的江西师范大学课题组荣幸中标。2012 年 6 月 28 日，国务院印发了《国务院关于支持赣南等中央苏区振兴发展的若干意见》（国发〔2012〕21 号），2014 年 3 月 11 日，国务院印发了《关于赣闽粤中央苏区振兴发展规划的批复》（国函〔2014〕32 号），正式批准实施《赣闽粤中央苏区振兴发展规划》。原中央苏区迎来了振兴发展的良机。

　　本书以中国特色社会主义理论为指导，从经济学、管理学、政治学等多学科视角出发，运用系统分析、数据包络分析、案例研究、比较分析等多种研究方法，从公共服务能力视角对赣闽粤等原中央苏区的基础设施建设与服务等方面进行研究，并提出促进原中央苏区公共服务能力和基础设施建设的政策性建议和具体行动路径。

本书在结构安排上分为10章。

导论主要对原中央苏区范围进行界定，阐述了原中央苏区基础设施与公共服务能力研究的现实背景、现实意义和理论价值，并对政府公共服务能力和基础设施的相关研究进行梳理，并在此基础上探寻目前该问题研究的成果与不足，为本研究提供借鉴作用和创新起点。

第一章是基础设施与公共服务能力、区域经济社会发展的关系研究。本章主要界定本书研究的基础设施范围，厘清公共服务能力的概念及构成，分析公共服务能力对基础设施的促进作用及基础设施对经济社会发展的支撑作用，为后续研究提供铺垫。

第二章是原中央苏区区域特征与经济社会发展评价研究。基础设施建设深受原中央苏区的区域特征影响，本章主要从原中央苏区的自然地理特征、历史文化特征、经济发展特征、政治资源特征和经济社会发展差异等方面对原中央苏区的区域特征进行分析，并基于主成分法对赣南等原中央苏区进行经济社会发展评价，为后续研究奠定基础。

第三章是苏维埃时期原中央苏区基础设施与公共服务能力建设回顾。本章主要对苏维埃时期原中共苏区基础设施与公共服务能力建设进行简要回顾，挖掘其蕴藏的宝贵精神财富和建设经验，为当前基础设施建设提供启示。

第四章是我国基础设施建设的模式研究。本章主要对国内外基础设施建设主要模式进行比较，构建原中央苏区基础设施建设模式。

第五章是原中央苏区基础设施建设现状评价。本章对原中央苏区基础设施建设的现状及问题进行分析。

第六章是原中央苏区基础设施问题成因分析。本章从公共服务能力角度对原中央苏区基础设施建设存在的问题原因进行分析。

第七章是运用"5×1"系统分析模型分析原中央苏区公共服务能力建设的影响因素。本章主要运用美国系统管理理论的主要代表人物卡斯特和罗森茨韦克的"5×1"系统分析模型分析影响公共服务能力的因素。

　　第八章是促进原中央苏区基础设施与公共服务能力建设的政策建议和行动路径。本章主要结合研究结论提出加强政府公共服务能力建设和原中央苏区基础设施建设的政策建议和行动路径。

　　第九章是以水利基础设施为研究对象进行案例分析。本章主要以数据包络分析法对原中央苏区水利设施投资效率进行量化分析，分析其存在的问题及原因，并提出相关建议。

　　本书是《原中央苏区基础设施和公共服务能力建设研究》课题研究团队共同努力、团结合作的成果。李晓园教授统稿，并撰写导论、第一章、第二章、第五章、第六章、第七章、第九章，并与郑双胜、赵海云三位老师共同撰写了第八章，研究生李文娟同学协助其撰写。张宏卿博士撰写第三章，郑双胜老师撰写第四章，钟业喜博士绘制了原中央苏区县域图、原中央苏区区域图和交通图。范丽群博士及张云、顾晓、王文彬三位研究生收集有关资料，整理调研录音，并撰写调研报告。

　　本书得以著成并顺利出版，受益于许多领导、师生和朋友们的慷慨帮助，在此谨向他（她）表示由衷的敬意和谢忱。

　　感谢江西师范大学的校领导、社科处的同志及苏区振兴研究院的同事们对本书的形成以及出版给予的指导和帮助。

　　感谢厦门大学公共事务学院院长陈振明教授为本书写作提出的真知灼见。

　　感谢时在江西发改委工作的郎道先处长、肖承贵处长和康健林同志为本研究提供的资料与智力支持，感谢赣州市政府，会昌县政府、瑞金市政府、宁都县政府和长汀县政府予以调研的大力支持。

　　感谢江西师范大学商学院研究生陈武和李文娟同学为本书作了大量认真仔细的校对和排版工作。

　　感谢中国社会科学出版社的王半牧编辑为本书的出版付出的辛勤劳动和大力帮助。

　　本书在写作过程中参阅了大量的中外文献，在此谨向所有被引文献的作者们表示衷心感谢。

　　"路漫漫其修远兮，吾将上下而求索。"原苏区振兴发展研究有着重要的理论与现实意义，我们对苏区振兴发展的研究正在起步。我们以问题为导向，以应用为目的，努力推出切题适用的研究成果。但是，囿于学识水平和研究资源，本书疏漏和谬误之处在所难免，敬请广大学术界同行与实际部门的同志批评斧正！

《原中央苏区基础设施和公共服务能力建设研究》 课题组

组长：李晓园

2014 年 8 月 16 日于南昌

目　　录

导　　论

一　原中央苏区范围界定

原中央苏区亦称"中央革命根据地"，是指在 1929 年至 1934 年土地革命战争时期，中国共产党在赣南和闽西建立的革命根据地，是全国 13 块革命根据地面积最大、人口最多的一块。关于原中央苏区范围的界定，历来存在争议。2013 年 7 月 23 日，中共中央党史研究室正式下发《关于原中央苏区范围认定的有关情况》（中史字［293］51 号）文件，确认原中央苏区范围县为 97 个县（市、区），其中江西省 49 个，即：瑞金市、于都县、兴国县、宁都县、石城县、会昌县、寻乌县、安远县、信丰县、赣县、南康市、上犹县、崇义县、大余县、定南县、全南县、龙南县、章贡区、青原区、吉水县、泰和县、万安县、新干县、永丰县、吉安县、峡江县、安福县、永新县、井冈山市（宁冈）、遂川县、吉州区、广昌县、黎川县、南丰县、南城县、崇仁县、宜黄县、乐安县、资溪县、金溪县、贵溪市、铅山县、广丰县、上饶县、樟树市、袁州区、渝水区、分宜县、莲花县；福建省 37 个，即：建宁县、泰宁县、宁化县、清流县、明溪县、新罗区、长汀县、连城县、上杭县、永定县、武平县、漳平县、平和县、诏安县、将乐县、沙县、光泽县、武夷山市、邵武市、建阳市、浦城县、南靖县、漳浦县、龙海市、芗城区、华安县、永安市、政和县、建瓯市、梅列区、三元区、尤溪县、大四县、延平区、顺昌县、松溪县、云霄县；广东省 11 个，即：大埔、南雄、饶平、龙川、平远、兴宁、梅县、蕉岭、丰顺、五华、梅江区（梅州市）。如图 1 所示原中央苏区同处三省的丘陵山区，经济发展水平相对落后，存在诸多制约经济发展的因素。

图1　原中央苏区县（市）域图

二　研究缘由与意义

（一）研究的缘由

原中央苏区是第二次国内革命战争时期，中国共产党在以瑞金为中心的赣南、闽西和粤北建立的中央革命根据地。2011 年是中央革命根据地创建暨中华苏维埃共和国临时中央政府成立 80 周年。促进原中央苏区振兴是加强中东部互动、加速欠发达地区崛起、实现区域协调发展的重大举措。该年 6 月，江西、福建、广东三省发展改革委正式签署合作协议，为科学编制原中央苏区振兴规划，共同开展原中央苏区振兴重大研究课题招标工作，设立"原中央苏区范围、历史贡献及发展现状研究""原中央苏区基础设施和公共服务能力建设研究"、"原中央苏区在全国区域协调发展格局中的定位研究"、"原中央苏区总体发展空间布局研究"、"原中央苏区产业发展与承接产业转移研究"、"原中央苏区生态环境保护与特色资源综合开发利用研究"、"原中央苏区与沿海发达地区等周边地区联动发展研究"、"原中央苏区集中连片特殊困难地区扶贫开发与新农村建设研究"、"原中央苏区推进改革开放和区域合作体制机制创新研究"、"原中央苏区振兴需要国家支持的政策研究"十大研究课题，面向国内外公开招标，为向国家积极申请编制相关规划并上升为国家战略进行前期准备和基础性工作。7 月 29 日，江西发改委、福建省发改委、广东省发改委在南昌召开了原中央苏区振兴十大研究课题招标评审会，三省发改委委托的 9 位专家对申报课题标书逐一评分，并按招标书总得分第一名为中标的原则，确定了十大课题的中标单位。中标结果在三省发改委网上公示 6 日后，由三省发改委分别与中标人签订协议。以李晓园为课题组组长的研究团队荣幸中标"原中央苏区基础设施和公共服务能力建设研究"课题，本书主要是基于该课题研究报告修改完善而成。

（二）研究的意义

本选题研究具有重要的意义：

1. 传承苏区精神的历史使命

中国苏维埃区域是全中国反帝国主义的革命根据地，原中央苏区是苏维埃中央政府的所在地，是全国苏维埃运动的大本营，《关于建国以来党的若干历史问题的决议》指出："在土地革命战争中，毛泽东、朱德同志直接领导的红军第一方面军和中央革命根据地起了最重要的作用。"① 这是中共中央对原中央苏区的历史地位的客观科学论断。在苏区斗争环境极端艰苦、物质条件极为贫乏的历史条件下，中国共产党和工农红军就特别关注群众的切身利益，重视基础设施建设，千方百计地解决苏区人民生产和生活问题。"水利是农业的命脉，我们也应予以极

---

① 中国共产党中央委员会著，《关于建国以来党的若干历史问题的决议》和《关于建国以来党的历史问题的决议》，人民出版社 2010 年版，第 42 页。

大的注意。"①，据 1934 年 5 月 28 日出版的《红色中华》报载："福建只长、宁、汀三县就修好了陂圳二千三百六十六座，并且新开了几十条陂圳。在粤赣全省，修好陂圳四千一百零五座，并且新建筑了二十座。"② 原中央苏区兴修水利，开垦荒地，进行农地水利建设，兴办邮政电信、交通、文教事业等基础设施，为社会发展创造了条件。同时，原中央苏区反贪倡廉，勤政为民，从而形成革命的燎原之火，扩大和巩固了红色政权影响。"苏区干部好作风，自带干粮去办公。日着草鞋干革命，夜走山路打灯笼"。③ 原中央苏区伟大的斗争孕育了宝贵的苏区精神，以坚定信念、求真务实、一心为民、清正廉洁、艰苦奋斗、争创一流、无私奉献等为主要内涵的苏区精神，既蕴涵了中国共产党人革命精神的共性，又显示了苏区时期的特色和个性，是中国共产党人政治本色和精神特质的集中体现，在中国共产党一整套优良精神传统的形成过程中有着不可或缺的传承作用和深刻影响。是中华民族精神新的升华，也是我们今天正在建设的社会主义核心价值体系的重要来源，是铸就我们的国魂、军魂、党魂、民魂的精神内核。

中国共产党历来十分重视宣传和弘扬党的优良传统和革命精神。加强原中央苏区基础设施和公共服务能力建设有利于传承苏区精神并发扬光大，赋予其新的时代特色。传承和发扬光大苏区精神，有利于在当前的社会现实中寻求政治价值、经济价值、文化价值和教育价值的突破，把政治优势有效地转化为经济优势，形成革命老区的经济增长点。实现政治创新、文化创新、经济创新，从而凸显原中央苏区区位优势，对于贯彻落实科学发展观，发展中国特色社会主义伟大事业有着非常重要的意义。

2. 原中央苏区振兴发展的基础

据统计，土地革命战争时期，仅赣南苏区前后参加红军的青壮年就达 33 万余人，参加赤卫队等支前作战的有 60 余万人；中央红军长征出

---

① 湖南省中小学教材编写组编《湖南省中学试用课本数学（第二版）》，湖南人民出版社 1971 年版，第 105 页。

② 《红色中华》，第 194 期，1934.05.28.

③ 黄友深：《江西省兴国县地名志》，兴国县地名办公室编印 1985 年版，第 461 页。

发时赣南籍子弟有五六万人；赣南为革命牺牲的、有名有姓、民政部门登记在册的烈士有 10.82 万人，占江西全省革命烈士总数的 43%，其中兴国县苏区时总人口 23.18 万人，参加红军有 5.5 万人，有革命烈士 23200 余人，全县平均每 10 人中有一人为革命牺牲。

苏维埃政权建立之初，苏区的财政工作面临十分严峻的形势：四次反"围剿"斗争虽然取得了胜利，但也消耗了极大的财力；国民党的军事包围和经济封锁对苏区的经济造成极大破坏；在这种异乎寻常的艰苦条件下，苏维埃政府及中央财政部多方筹集资金，努力增加收入，从而保证了革命战争的供给和苏维埃政府的支出及公共社会事业费用。其中一项重要措施就是分三次发行革命战争公债和经济建设公债。苏维埃政府先后于 1932 年 6 月发行短期战争公债 60 万元，10 月发行第二期革命战争公债 120 万元，以及 1933 年 8 月发行经济建设公债 300 万元。充分反映了原中央苏区人们对红色政权的支持和革命的热忱。

然而，由于客观条件、发展基础差以及国家发展战略布局等原因，当前原中央苏区总体发展水平较低，大部分靠转移支付维持正常运转，财政收支矛盾突出；村级负债严重，公益事业无钱办，村级组织运转非常艰难。处于"政策塌陷区"、"经济塌陷区"双累积因果循环的态势。

经济发展滞后，产业基础较差，经济结构不合理，发展后劲不足，群众收入偏低。这与原中央苏区历史贡献以及"红色摇篮"和"绿色家园"发展内涵不相匹配。"实现全面小康的重点、难点在农村及边远地区"。原中央苏区地处老少边地区，由于区位原因基础设施发展相对落后，历史欠账严重。同时，原中央苏区未能从东部发展、西部大开发等政策中受到惠泽。因而加强原中央苏区基础设施与公共服务能力建设研究有利于促进改善其基础设施条件，夯实经济社会发展基础，打造经济崛起的平台，促进原中央苏区新农村建设，进而实现城乡统筹发展与均等化发展。加强基础设施和公共服务能力建设是原中央苏区振兴发展的基础，从而使得"红色摇篮"在给原中央苏区人民带来历史荣光的同时，也带来长远的实实在在的利益，并为原中央苏区县域的腾飞插上有力的翅膀。

3. 实现全面小康目标的客观诉求

实现全面小康的重点和难点在农村。加强原中央苏区基础设施与公共服务能力建设研究有利于化解原中央苏区经济社会发展瓶颈，发展经济，改善民生，实现区域经济社会发展的联动效应，促进经济建设、政治建设、文化建设、社会建设和生态文明建设，从而实现全面小康。

三　研究综述

国内外学者对基础设施的研究由来已久，从马克思主义者，到西方经济学者，从重商主义、重农学派、斯密、凯恩斯，到"二战"后大量涌现的发展经济学家以及发展中国家内部从事理论和实践探索的经济学者们，都从不同的视角对基础设施与经济、社会发展之间的内在关系开展了深入研究，涉及区域经济学、发展经济学、新增长理论、人文地理学、城市规划学以及公共选择理论、新经济地理学、产业经济学等诸多学科。与本课题研究密切相关的主要有以下几方面。

（一）基础设施与经济社会发展关系的研究

1. 从定性角度肯定了基础设施对经济增长促进作用

这种关系一直受到经济学家的普遍关注[①]。对基础设施的论述主要包括两方面内容：一是分析了基础设施资本的特殊性质。现代经济学鼻祖亚当·斯密将基础设施表述为"公共机关和公共工程"，[②] 对其经济属性、范围和费用来源、日常维护等问题进行了深入详细的论述。二是强调了基础设施资本对经济增长的重要作用。凯恩斯从治理经济危机的角度，将公共工程作为政府进行宏观经济调控的手段，肯定了基础设施对经济增长重要作用。"新"经济增长理论在对长期经济增长的理论探讨中，公共基础设施的作用受到众多经济学者的关注，巴罗、罗默、阿罗、阿肖尔、格雷纳、格鲁姆等学者都将基础设施资本以各种不同的方式纳入了生产函数。

2. 以量化方式深入研究基础设施对经济发展的影响

研究表明，基础设施对经济发展的影响通过两种机制来实现：一是

---

① （法）弗朗斯瓦·魁奈：《魁奈经济著作选集》，商务印书馆 1979 年版。

② 孙红玲、张富泉：《邓小平的战略设计　共同发展富裕的中国定律》，中国经济出版社 2011 年版，第 64 页。

在尚未形成基础设施资本存量以前的生产要素投入阶段，修筑公路、大坝、自来水厂等基础设施将产生对各种建筑材料、生产设备和劳动力等生产要素的需求，在短期内通过增加需求促进经济增长；二是基础设施资本存量形成并加以使用的阶段，基础设施资本存量可以被多个厂商无成本或低成本地共同使用，从而产生对经济增长的推动作用。为此，研究者们分别从基础设施资本支出（投资流量）和基础设施资本存量两方面出发，运用生产函数法、成本函数和利润函数法、向量自回归（VAR）法等研究方法，在基础设施对产出水平的影响、基础设施对地区经济增长差异的影响、基础设施对生产成本的影响、以及基础设施对投资环境和市场发展的影响等四个方面进行了深入全面的实证分析，得出了一系列富有价值的研究结论。

（二）基础设施发展模式

1. 政府单一主体提供论

由于基础设施非排他性的存在使得向使用基础设施的人群收费存在困难，"免费搭车"现象普遍存在，所以由政府提供更为有效（斯密，1776；萨伊，1803；萨缪尔森，1954；鲍德威和威迪逊，1984）。[①]

2. 政府—市场的双主体提供建设基础设施的模式

这种模式在现实生活中得到广泛运用。以合约性质存在的政府和市场合作提供基础设施的 BOT 模式和 PPP 等模式，都从很大程度上验证了新制度经济学和新兴古典经济学的结论，即一个最能节约内外生交易成本的模式，将最终成为现实中的基础设施提供模式。

3. 政府—市场—非营利组织三主体提供模式

随着非营利组织在经济社会发挥的作用越来越大，学术界开始关注非营利组织在提供公共物品作用中的重要性。进而提出了这种模式[②]。

（三）基础设施与和谐社会建设

国内学者从基础设施的供给维度，认为基础设施对和谐社会建设产生重大影响，在长期计划管制思维影响下，一些地方政府公共服务能力

---

① 陈孝胜、李超主编，汪建文、吴盛汉副主编：《21 世纪全国应用型本科则经管系列实用规划教材西方经济学实用教程》，北京大学出版社 2007 年版，第 324 页。

② 汉斯曼恩 1980；维斯布偌德、杜明库兹，1986。

不强，基础设施建设过程中出现了一些不和谐、效率不高等问题。因此，需要在基础设施服务的各个过程和各个环节锻造各级政府的服务能力。还有学者从统筹城乡发展角度，提出均等化基础设施之说以促进区域协调发展，构建和谐社会。

国内外基础设施研究启示：（1）在新一轮以区域协调发展为目标的背景下，加强基础设施建设有利于从多个方面促进原中央苏区经济发展。（2）不同的基础建设模式有其优缺点，对公共服务能力的要求也不同。原中央苏区必须加强基础设施建设，且要采用最适合本区域的建设模式，同时要加强公共服务能力建设，使之与原中央苏区基础设施建设模式相匹配，促进区域协调发展。

四　研究框架与方法

（一）研究框架

本书将围绕原中央苏区振兴发展目标，从基础设施建设的重"基础设施与公共服务能力、区域经济社会发展有何关系?"、"原中央苏区区域特征是什么？经济社会发展水平如何？对基础设施建设有什么影响"、"原中央苏区基础设施建设应当采用何种模式?"、"原中央苏区基础设施建设现状怎样，存在什么问题?"、"从政府公共服务能力角度来看，原中央苏区基础设施建设存在问题的原因是什么?"、"影响政府公共服务能力的因素有哪些?"、"如何加强原中央苏区基础设施和公共服务能力建设?"等七大问题展开。具体章节安排如下：

导论，明确本书研究的原中央苏区范围、研究意义、研究方法等，对以往研究成果进行梳理和评价。

第一章，运用文献研究法在厘清基础设施和公共服务能力概念的基础上，阐述公共服务能力对基础设施建设的促进作用，基础设施对区域经济社会发展的支撑作用。

第二章，对从原中央苏区的自然地理特征、社会文化特征、经济发展特征、政治资源特征和经济社会发展差异等方面对原中央苏区的区域特征进行分析，并采用主成分分析法评价原中央苏区经济社会发展水平。

第三章，通过文献梳理，对苏维埃时期原中共苏区基础设施与公共服务能力建设进行简要回顾，挖掘其蕴藏的宝贵精神财富和建设经验，为今天的基础设施建设提供启示。

第四章，对新中国成立以来的基础设施建设模式进行研究。对国内外基础设施建设主要模式进行比较，分析我国基础设施建设模式变迁、我国发达地区、西部地区和革命老区基础设施建设模式异同，并在此基础构建原中央苏区基础设施建设模式。

第五章，深入调查，对原中央苏区基础设施建设的总体现状及交通、水利、能源进行分析。分析原中央苏区基础设施建设中存在的问题。

第六章，从公共服务能力角度对原中央苏区基础设施建设问题的形成原因进行分析。从公共服务能力的构成即规划能力、资源汲取能力、资源配置能力和执行能力等方面分析原中央苏区基础设施建设存在问题的原因。

第七章，运用"5×1"系统分析模型分析原中央苏区公共服务能力建设的影响因素分析。"原中央苏区基础设施和公共服务能力建设"是一项要素众多、结构复杂、功能多样、涉及面广的系统工程。为了更好地完成这一系统工程，运用美国系统管理理论的主要代表人物卡斯特和罗森茨韦克的"5×1"系统分析模型。分析行政环境对公共服务能力的影响、行政价值理念、政府管理科学化水平、人力资源队伍和现代技术手段对公共服务能力的影响。

第八章，提出原中央苏区基础设施与公共服务能力建设的政策建议和行动路径。结合研究结论提出加强政府公共服务能力建设和原中央苏区基础设施建设的政府建议和行动路径。

第九章，以水利基础设施为案例，运用数据包络分析法对原中央苏区水利设施投资效率进行量化分析，对本课题的研究结论作进一步的论证。

（二）研究方法

1. 系统分析法

系统分析法是关于研究较为复杂的人类活动的分析方法，它关注组织运行的环境和强调理解实现目标所需的各种活动间的相互关系。本课题运用卡斯特和罗森茨韦克的"5×1"系统分析模型对公共服务能力的影响因素进行剖析，加强了研究的系统性与科学性。

2. 数据包络分析法

数据包络分析（DEA）是以相对效率概念为基础，根据多指标投入和多指标产出数据对相同类型的单位进行相对有效性或效益评价，被公认是对非纯营利部门的公共服务部门的评价的有效方法。

对原中央苏区进行基础设施公共服务效率评价目的在于考察其利用人力、财力、物力的投入获取更好的基本公共服务方面的相对效率，为探寻原中央苏区基础设施存在问题成因及和对策研究提供依据。

3. 案例分析法

案例分析法是管理学等应用科学的重要研究方法。案例分析法的要点是对已经发生的公共管理事件，分析者尽可能从客观公正的观察者立场加以描述或叙述，以脚本等形式说明一个事件有关的情况，力图再现与事件有关的当事人的观点、所处的环境供读者评判。本课题将通过原中央苏区基础设施建设典型案例说明基础设施建设中存在的问题，与DEA分析结论相互佐证。

4. 比较分析法

开始引入管理学领域始于 20 世纪 50 年代。本课题着重于我国不同经济体制和不同地区基础设施建设模式的比较，分析各种模式的典型特征及适用性，为构建原中央苏区基础设施建设模式提供借鉴作用。

五　研究的理论与实践价值

（一）理论价值

1. 立足中国国情，用马克思主义理论充实有中国特色的公共管理学内容

马克思主义行政管理思想是中国特色社会主义行政管理实践的理论依据。马克思主义行政管理思想的中国化进程及其实践，就要求必须系统研究中国特色社会主义行政管理的理论与实践。加强原中央苏区基础设施与公共服务能力建设研究是探讨和研究中国特色社会主义行政管理问题具体实践，对于深化对中国特色社会主义的认识，特别是对立足国情发展中国特色的行政管理知识体系进而更好地指导行政管理实践具有深远的意义。

2. 创新府际合作模式，丰富协作性公共管理理论

原中央苏区区域经济一体化可以形成一个具有优势的区域组合，提高规模效益，扩大市场范围，以便发挥本区域的最大优势和潜能，实现经济互补和持续增长。因此，它要求区域内部加快形成各城市间优势互补、资源共享、市场共通、利益共有的经济一体化格局，实现区域间的共同发展。区域经济一体化作为地方政府管理体制系统的一个全新的生态要素必然会影响地方政府管理体制的变革和发展。本课题组将放眼世界、立足国情，从理论和实践两个层面研究和总结原中央苏区基础设施与公共服务能力建设的经验，揭示原中央苏区基础设施与公共服务能力建设的共同性做法和普遍性趋势，进而阐明必然性，探讨规律性，以服务于原中央苏区府际合作的实践。

3. 揭示基础设施与公共服务能力建设间深层次规律，对公共服务能力理论进行补充

本书运用系统科学理论，把基础设施与公共服务能力建设置于统一框架下研究，有利于探寻基础设施对促进公共服务能力建设以及公共服务能力如何提升基础设施利用绩效，也即关于基础设施与公共服务能力互动性研究。在此基础上提出了原中央苏区基础设施建设的模式、崛起战略，丰富了公共服务能力和基础设施建设理论。

（二）应用价值

1. 对接、拓展国家支持原中央苏区政策

原中央苏区振兴是贯彻落实科学发展观，加强中东部互动、加速欠发达地区崛起、实现区域协调发展的重大举措。原中央苏区在中国革命斗争中地位特殊，为中国革命的胜利做出过特殊贡献和重大牺牲。近年来，经多方努力，原中央苏区日益得到了认可和肯定。胡总书记在原中央苏区考察期间指出，"在革命战争年代，老区人民为中国革命胜利和新中国建立付出了巨大牺牲、作出了重大贡献。今后，我们将继续实施各项扶持政策，推动老区又好又快发展。"① 国务院也出台了相关政策明确提出支持原中央苏区发展，是在中央层面上首次肯定了原中央苏区的独特地位和作用。加强原中央苏区基础设施和公共服务能力建设研

① 许宝健：《中国县域经济谈》，北京工业大学出版社 2012 年版，第 226 页。

究，有利于按照中央的政策方向制定出台一系列具体政策及配套措施来支持原中央苏区建设与发展，包括产业规划布局、重大项目建设、财政资金投入、改善投资环境、社会事业发展等各个方面，及时跟进、强化对接、做好落实，争取尽快将政策优势转化成发展优势。

2. 推动政府对基础设施需求的回应，增强公共服务的有效性

由于公共服务特殊性、运转的滞后性和政府服务的非适应性，原中央苏区县级政府疏离了对基础设施需要的回应，导致社会资源分配的浪费和扭曲，加深了公共服务供需矛盾和县级政府的财政负担。因此，提高原中央苏区县级政府对基础设施需求的回应，有利于保证公共服务的有效性。

3. 探索多样化的基础设施供给模式，提高政府公共服务效率

政府承担基础设施责任并不意味着基础设施由政府包揽，各级政府提供和组织不等于政府生产。基础设施责任的实质是通过具有战略意义的举措去积极地引导社会，帮助社会建立健全自治体系，完善有效的监控和评估手段，监督和指导基础设施的生产和供给，以求在根本上把政府从社会管理者的角色转变为服务供给者的角色。

4. 以基础设施建设为切入点，提高政府促进区域经济社会协调发展的服务能力

加强原中央苏区基础设施与公共服务能力建设研究，有利于政府科学合理地设置和适时调整机构并明确各自的职责。科学划分和合理界定各级政府职能，赋予政府事权相对称的财权，激发基层政府财源建设和提供基础设施的积极性，确保基础设施有效供给。进一步加强基础设施建设，强化生态保护和修复，提高公共服务水平，"加快行政管理体制改革，建设服务型政府。"① 促进经济社会协调发展，切实改善老少边穷地区生产生活条件。

六 研究的主要创新点

（一）研究内容创新

梳理我国计划经济时代和社会主义市场经济时代基础设施建设的经

---

① 《深入贯彻落实科学发展观干部读本》，本书编写组著，2008 年版，第 121 页。

验与教训，对现阶段各地初步形成的基础设施建设模式进行经验总结，提出了原中央苏区基础设施建设模式，基于此运用系统科学理论创造性提出了具有我国政治制度优势、具有可行性和可操作性相统一的、加强原中央苏区基础设施和公共服务能力建设的实施方案。

（二）研究视角创新

突破传统的管理学、政治学研究领域，拓展到社会学、经济学、区域经济学等诸多领域。并通过系统科学理论、科学发展观、社会发展的外部经济理论等理论和思想，将原中央苏区基础设施和公共服务能力建设置于统一的分析框架。

（三）研究方法创新

使用 DEA 分析方法对原中央苏区基础设施的技术效率进行比较分析。通过效率评价，考察其人力、财力、物力的投入，获取更好的基本公共服务方面的相对效率，为探寻原中央苏区基础设施存在的问题成因和对策研究提供依据。

第 一 章

基础设施与公共服务能力、区域经济社会发展的关系

第一节 基础设施的概念与特征

一 基础设施的概念

"基础设施"（Infrastructure）这一概念始于 20 世纪中叶提出。但是，至今却尚未形成统一的认识。许多学者从基础设施的分类并以例举法来进行基础设施的定义。Schultz 和 Becke 根据基础设施的作用不同将其分为两类：一类是核心基础设施，主要是指交通和电力，其主要作用是增加物质资本和土地的生产力；另一类是人文基础设施，包括医疗卫生、教育等，其作用是提高劳动生产率。[①]

世界银行在《1994 年世界发展报告：为发展提供基础设施》中对基础设施的定义为永久性工程构筑、设备、设施和他们所提供的为居民所用和用于经济生产的服务。这些基础设施包括：①公用事业（电力、管道煤气、电信、供水、环境卫生设施和排污系统、固体废弃物的收集和处理系统等），②公共工程（大坝、灌渠和道路）以及③其他交通部门（铁路、城市交通、海港、水运和机场）。[②] 该报告将经济基础设施之外的其他基础设施定义为社会基础设施，通常包括文教、医疗保健等

---

① 张学良：《交通基础设施、空间溢出与区域经济增长》，南京大学出版社 2009 年版，第 4 页。

② 张光南：《政府基础设施投资与经济增长的制度因素》，中国社会科学出版社 2013 年版，第 20 页。

方面。

国内学者根据研究需要的不同，也对基础设施的概念予以不同的界定。于光远（1992）认为基础设施是指为生产和流通等部门提供服务的各种部门和设施，包括运输、通信、动力、供水、仓库、文化、教育、科研以及公共服务设施。[1] 王延中（2002）等人认为基础设施的领域十分宽泛，根据其研究需要，他将基础设施的范围界定为水利、能源、运输和电信等部门。魏礼群（1999）认为，基础设施是为社会生产和人民生活提供基础产品和服务的，是经济活动和社会活动的载体，是国民经济的重要组成部分，主要包括交通运输、通信、水利和城市供排水、供气、供电等公共设施以及能源。[2] 高新才（2002）将基础设施分为物质性基础设施和制度性基础设施。物质性基础设施分为生产性和非生产性的基础设施，其中交通、通信、能源、水利为生产性基础设施，教育、科研、文化、卫生、环境等为非生产性基础设施；制度性基础设施为政治制度、法律、政策法规、管理等统治、约束和协调人们行为的上层建筑。物质基础设施影响生产要素的可利用性，而制度基础设施影响生产要素的利用效率。张军等人（2006）从亚当斯密描述国家的第三个职能"建设并维持某些公共事业及公共设施，其建设与维护绝不是维护少数人的利益"[3] 定义了基础设施概念。

本书认为基础设施是指为社会生产和居民生活提供公共服务的物质工程设施，是用于保证国家或地区社会经济活动正常进行的公共服务系统。它是社会赖以生存发展的一般物质条件。本书界定的基础设施研究范围是为原中央苏区经济社会发展提供基础条件的各种设施，即交通、通信、能源、水利等生产性的基础设施和教育、科研、文化、卫生、环境等非生产性的基础设施。

二　基础设施的特征

普鲁多姆（Prud'homme，2004）提交给世界银行的政策研究报告

---

[1]　于光远：《经济大辞典》，中国大百科全书出版社1992年版。

[2]　魏礼群：《建设有中国特色社会主义经济》，中国经济出版社1999年版，第384页。

[3]　张光南：《政府基础设施投资与经济增长的制度因素》，中国社会科学出版社2013年版，第19页。

中，对狭义的基础设施所具有的特征进行了总结：第一，基础设施是一种资本投入品。但是，它本身并不能直接单独用于消费，而需要同其他资本投入品或者劳动投入品结合起来提供服务。它所提供的服务一般是资本密集型服务，并且具有一定规模经济的特征。第二，基础设施一般比较笨重，而且建设周期长。这意味着很难根据需求的波动随时调整其供给。只有基础设施的整个工程完全完成，其功能才能得到发挥。第三，基础设施一旦建成，则其使用时间也较长，一般为几十年甚至上百年。第四，基础设施的建设需要投入大量的固定成本，具有空间依存性。一旦一项基础设施投资在 A 地发生，则它很难被转移到 B 地；同时，一旦一项基础设施的投资已经发生，则很难将其用于其他用途。第五，基础设施的供给一般情况下是与一定的市场失灵相联系的，这种市场失灵或者产生于规模经济，或者产生于公共品性质。第六，基础设施既可以直接为居民提供服务，也可以为厂商提供服务，其中为厂商服务是作为生产过程中的一种投入物品。① 显然普鲁多姆界定的是基础设施的经济特征，本书把基础设施的特征放到区域经济社会发展中，认为呈现以下特征：

（一）基础性与先行性

基础设施是一个国家或一个地区经济社会发展的基础，发展要有一定的人才支持。因此，要有教育医疗卫生设施、要有生活基础设施；发展要有动力，要方便生产要素流动。因此，要有一定的能源、金融、交通、通信等支持。很多政策决策者认为基础设施特别是交通，是不发达地区吸引外资的关键因素。过去在我国广大农村流传着"要想富，先修路"的顺口溜也说明了交通对经济发展的基础性和先行性作用。

Rosenstein Rodan（罗森斯坦·罗丹）将基础设施视为社会的先行资本，认为基础设施可以为其他产业创造投资机会，在工业化过程中起决定性作用。这些先行资本包括运输、电力、通讯等所有基础工业，它

---

① 张光南：《政府基础设施投资与经济增长的制度因素》，中国社会科学出版社 2013 年版，第 20 页。

们是社会经济发展的基础，其发展必须先于直接生产性投资。① 美国经济学家 Walt Rostow 将基础设施定义为社会先行资本，这种资本在经济起飞过程中发挥着重要作用，在经济起飞前就必须建设。他认为，社会基础资本的先行建设是经济起飞的一个必要但不充分的条件，在起飞可能出现之前，从最广泛的意义上说，必须要有最低限度的社会基础资本建设。②

（二）规模经济性与外部经济性

基础设施如水利、交通、通信、能源、水利等资本投入大，成本高，建设周期长，由于发起人或投资人的收益与成本不对称，基础设施带来的社会收益高于其他产业部门，而带来的私人收益却低于其他产业部门。因此，对于效率最大化为目标的私人投资者吸引力不足。基础设施随着产量增加或服务增加，成本下降，具有一定规模经济的特征。基础设施特别是交通、水利等建成后，也呈现出外部经济性，即建设者之外的人也可受益（正外部性）或受损（负外部效应），却不会因此付出代价或得到补偿。因此，这种特性常常导致基础设施的私人供给（投资）不足。但是，许多基础设施的产品或服务是社会公众的生活必需品，消费的价格弹性一般很小，而对减少贫困和保障居民基本生活却很重要。世界银行（2004）认为，每个消费者都有获得电力、电信、供水等基础设施产品和服务的权利，这是人的基本权利。因此，对于这种市场一般无法提供有效供给公共物品的情况下，在消费者能承受的价格范围，提供基础设施服务，就成为政府基本公共服务职责。

（三）空间依附性与网络性

基础设施是永久性的工程构筑、设备、设施，一旦建成，就较难转移到其他区域，基础设施投资已经发生后，退出成本很高。因此，基础设施建设前期的规划就特别重要。交通、供水、电力、通信等许多基础

---

① 李小云、左停、叶敬忠主编：《中国农村情况报告 2009》，中国农业出版社 2010 年版，第 184 页。

② 朱舜、高丽娜：《泛长三角区域合作背景下的江苏经济创新发展》，西南财经大学出版社 2009 年版，第 118 页。

设施还具有网络性特征。这种网络性使得地理空间各单元连为一体，有利于生产要素在区域间的流通，增强经济活力。如交通基础设施，其形成的网络系统是区域经济空间的"脉络"，也是区域经济聚集与扩散的重要条件。

第二节　公共服务能力内涵与构成

一　公共服务能力的概念

目前关于政府公共服务能力研究主要是从公共选择理论、新公共管理理论、新公共服务理论等理论视角，从战略管理的角度对政府能力及其评估进行探索（Fiszbein，1997；Ta'I，2000）。Davis（2011）[①] 认为狭义的政府能力是指政府构建合理的行政机构、制定科学合理的政策以及甄选优秀的公务人员并具有高效的社会执行能力，特别是那些维持公共秩序、保障政府行动合法性和提供公共服务的能力。Tuna 和 Bryan（2012）指出政府能力的服务性最终主要落实到为公民服务，基于公民本位，政府组织要向全社会提供公共服务和公共产品，主要包括公共基础设施、公共医疗、义务教育、社会保障、社会福利、环境保护、社会安全、劳动力培训和失业等方面。汪永成（2005）认为从政府职能的角度看，政府能力是一个政府在实现自己职能、从事某项活动过程中所拥有的资源、能量。张国庆（2007）从公共行政的角度提出政府能力主要是指国家行政机关，在既定的国家宪政体制内，通过制定和执行品质优良、积极有效的公共政策，最大可能地动员、利用、组合、发掘、培植资源，为社会和公众提供广泛而良好的公共物品和公共服务，理性地确立社会普遍遵从的正式规则并积极引导更为广泛的公共物品和公共服务，理性地确立社会公正和秩序，形成有效地调节社会关系和社会行为的制度及其机制，进而在比较的意义上促进国家快速、均衡、持续、

---

① Fiszbein，A. The Emergence of Local Capacity：zessens fnin Colombia，World Development，1997（25）：1029 - 1043. Ta'I B. Challenges of zocal Gorernment Capatity Building Initiatives：Experience of an UNDP Nationally Executed Programme in Thailand，Habitat International，2000（24）：403 - 416。

健康发展的能力。李晓园（2010）在研究县级政府公共服务能力时借鉴张国庆（2007）关于政府能力的界定，将县级政府公共服务能力定义为"以政府为主体的公共组织在既定的国家宪政体制内，通过制定和执行品质优良、积极而有效的公共政策，最大可能地汲取和运用各种资源，为社会和公众提供广泛而良好的公共物品和公共服务，满足公众公共需求，完成政府公共服务职能规范的目标和任务的能力"。[①]

二　公共服务能力的特征

（一）公共服务能力的依附主体是以政府为主体的公共组织

为辖区公民和社会组织提供公共服务是地方政府主要职责，但这并不意味着政府是公共服务提供的唯一主体和直接提供者。其他社会组织也可以在国家政策法律内生产和提供公共服务和公共产品。党的十八大三中全会提出"要建设统一开放、竞争有序的市场体系"，"使市场在资源配置中起决定性作用"。因此，为了提高公共服务能力，政府不仅可以利用公共财政等政府资源，而且应当广泛汲取社会资源、提高公共服务能力。

（二）政府公共服务能力具有整体性

政府公共服务能力是一个能力系统，可以细分为多种分支能力，但政府的整体能力大于各个分支的政府能力之和。要提高政府整体能力，应当加强分支能力建设。但是，各个分支能力在政府整体能力的重要程度并不相同，并且在不同的社会发展阶段因政府行政目标不同而不同，这已经被多名学者也包括笔者研究证实。施雪华（1998）认为各个单项政府能力的提高，并不必然带来政府整体能力的提高。因为，既然政府系统是一个整体系统，政府各个分支能力之间就有可能存在两种相互关系：一种是正相关关系，政府能力各分支能力之间是一种互相协作、正向递进的关系；另一种是负相关关系，政府能力各分支能力之间是一种互相矛盾、负向阻碍的关系。在后一种关系下，政府各分支能力越

---

① 李晓园：《当代中国县级政府公共服务能力及其影响因素的实证研究　基于鄂赣两省的调查与分析》，中国社会科学出版社 2010 年版，第 7 页。

强，它们之间的矛盾就越深，政府的治理能力就越低。因此，加强政府能力建设要求政府各分支能力之间相互配合，互补长短，而不是简单互相加总或互相抵消。①

（三）公共服务的能力与政府职能密切相关

能力是完成任务或目标的能量和力量。经济社会的发展必然带来社会事务日益复杂化，"不可能指望社会本身来处理全部日益繁杂的社会事务。这就势必要求有着良好组织结构的政府系统承担起大量社会事务的管理、服务和平衡的职能。而政府要承担这些职能，就必须扩大政府的能量。"② 当然扩大政府职能的范围，要求强化政府的能力，但这种要求，并不一定带来政府能力的自然提高。公共政策是公共服务能力建设的重要工具，公共政策是"政府选择作为或不作为的行为"。③ 因此，公共政策的内容对公共服务能力的强弱有着极其重要的作用，同时公共政策也必须在公共服务能力的作用下得以执行。

三　基于基础设施建设的公共服务能力构成

D. C. 斯通从政府行政过程界定政府能力是指政府从事规划与执行政策、计划、方案或措施，以实现共同目的的机关能力。本书借鉴此方法，以政府提供基础设施公共物品行动过程或者阶段对需求的能力类型为分类标准，确定政府公共服务能力系统由规划能力、资源汲取能力、资源配置能力、执行能力四个分支能力构成。基础设施的建设首先要编制规划，这就对应了公共服务规划能力；确定了规划要筹集资源，相应地就要求资源汲取能力；获得了资源就必须考虑如何配置资源，从而达到经济和社会效益的最大化，相应地就必须要有资源配置能力。但是，资源配置并不等于实施，政府部门还必须运用配置的资源去完成目标、计划和任务，这就需要执行能力。至此就完成了公共服务和物品提供的全过程。

---

① 施雪华：《政府权能理论》，浙江人民出版社1998年版，第311页。
② 同上。
③ 同上。

第三节　公共服务能力对基础设施建设的促进作用

基础设施的建设和提供过程就是公共服务能力的释放和运用过程。公共服务能力的强弱直接影响基础设施建设与使用。在对政府进行公共服务绩效评价时，基础设施建设和使用情况经常被当作一种非常重要的评价标准。公共服务的能力分支能力对基础设施主要产生如下作用。

一　规划能力决定着基础设施建设目标及投资效益

基础设施规划能力是政府在宪政框架内，正确识别国内外经济社会发展环境，准确把握国家公共服务政策，立足于本地实际情况，根据当地经济社会发展趋势和公民的现实及未来需求科学编制本区域基础设施建设规划的能力。"不谋万世者，不足谋一时；不谋全局者，不足谋一域。"目前在我国，特别是原中央苏区基础建设面临着资源环境约束与客观诉求众多的矛盾，政府关于在什么时间、什么地点、提供什么样的基础设施服务的规划直接影响当地基础设施建设的情况，基础设施建设的基础性与先行性特征使之影响着所在区域经济社会发展，影响国家相关公共政策的实施，也影响着当地公民和社会组织的生产生活水平，从而影响其幸福指数，影响政府的公信力。基础设施公益性和空间依附性则决定了基础设施的布局是否正确处理了公平与效率的关系。

二　资源汲取能力决定着基础设施建设的物质基础

资源汲取能力是指政府广泛动员和吸纳社会资源、为公众提供公共物品和服务的能力。资源是基础设施建设的物质基础，一般来说组织必须具备人力资源、财力资源、信息资源、关系资源。对地方政府而言还包括政策资源。从政府的特性来看，政府资源汲取能力主要体现在对财政资源的汲取。财力是政府赖以生存，并实现自己的职能和使命的经济基础，是政府公共服务能力中的核心要素。恩格斯形象地指出："财税是喂养政府的奶娘"。16 世纪时的布丁认为："财力资源是国家的神经。"① 国家只有掌握了必要的财力才能实现其他功能，财政资源汲取能力是其他能力的出发点。基础设施投资大，回收周期长，在一定的时期内社会效益高于经济效益。因此，如何争取更多的政策资源、获得政府专项资金支持、获得更多的项目、获得更多的税收优惠，如何动员社会力量参与基础设施建设，从而获得更多的财力资源，对加强当地基础设施建设，优化生产生活环境，影响用脚投票的投资者就有着非常重要的意义。因此，政府除了加强税收能力外还必须提高府际合作能力和社会动员能力。

三　资源配置能力和执行能力影响着基础设施建设的实效

资源配置能力就是政府根据基础设施规划的目标和具体任务，对已获取的和组织中既存的各种资源要素进行优化组合和分配，以实现经济和社会效益最大化的能力。现实中组织包括政府的资源是稀缺的，同种同量资源在不同的地区和不同的主体中价值却不同。为了充分利用资源，管理活动的安排就必须要比较它的成本与收益，从而选择更合适的管理活动。效率和效果是管理是否科学的评判标准。效率强调要通过最少的资源投入来实现最大的产出，而效果则强调组织的宗旨和目标的实现。对基础设施建设而言，资源配置的实质就是通过资源的优化组合，以尽量少的资源耗费取得最大的经济和社会效果。目前原中央苏区普遍存在着基础设施条件不能满足当前经济社会的发展的问题。各类基础设施都需要发展，但是，在目前条件下，交通基础设施和水利基础设施存在的问题尤其突出。在资源特别是资金有限的情况下，政府资源配置能力对基础设施建设目标的实现起着重要作用。值得一提的是，在原中央苏区基础设施中，人力资源配置的不合理已成为基础设施建设工程质量存在问题的重要原因。如由于水利技术人员的缺乏导致对水利设施建设的指导和监理不力，从而影响了水利工程的质量。

执行能力是把基础设施建设的规划、指令等转化成为现实的能力，

---

① 李晓园：《当代中国县级政府公共服务能力及其影响因素的实证研究　基于鄂赣两省的调查与分析》，中国社会科学出版社 2010 年版，第 185 页。

是保证"政令畅通"的关键。由于行政管理体制、政府与政府间、政府与个人之间的利益博弈、公务员队伍自身建设等问题，我国许多地方政府及政府部门都存在着程度不等的执行不力问题。在基础设施建设方面也毫不例外，如专款没有专用，配套资金不到位，没有严格依法实施招投标、没有进行项目后评估制度等。这些问题的存在都影响着基础设施建设绩效。

第四节　基础设施对区域经济社会发展的支撑作用

经济地理学家认为基础设施会和区域具体特征互相作用，从而影响该区域的比较优势。基础设施对区域经济社会发展的支撑作用主要体现在以下几个方面：

一　基础设施对区域经济社会发展具有从属和引导功能

基础设施是指以保证社会经济活动、改善生存环境、克服自然障碍、实现资源共享等为目的而建立的公共服务设施，[①] 主要包括信息、能源、交通运输、水利、防灾、仓储生态、环保等基础设施和社会福利、公共管理、教育和医疗卫生等社会性设施。

关于基础设施与区域经济发展的关系主要存在三类观点：一是认为基础设施是区域经济发展的先决条件，对经济发展产生积极主动的效果；二是认为区域经济增长先于基础设施的发展，基础设施的建设是经济增长的结果；三是认为经济增长与基础设施是相互依存的关系，即认为基础设施与区域经济发展互为条件和结果。

但从基础设施在区域经济社会发展过程中的功能和作用来看，主要是从属功能和引导功能。[②] 基础设施的从属功能主要表现为基础设施必

---

① 金凤君：《基础设施与人类生存环境之关系研究》，《地理科学进展》2001 年第 3 期，第 276—285 页。

② 张文尝、金凤君：《空间运输联系——理论研究·实证分析·预测方法》，中国铁道出版社 1992 年版。

须为区域经济社会发展服务，基础设施是区域经济增长的基础，并为区域经济社会发展提供资金保障，具有适应性、先行性等特点。基础设施的引导功能主要是借助产业关联机制和市场竞争机制，通过其服务空间的不均衡性对区域经济社会的经济结果、空间布局和经济发展规模进行引导和反馈。通过基础设施的从属和引导功能为区域经济社会发展提供协同驱动力。

二　基础设施对区域经济生产的免酬因素

基础设施可以通过改变生产环境和提高生产要素的生产率来促进区域经济增长。公共基础设施可以看作微观生产的免酬因素或"无须支付的生产要素"（Unpaid Factor of Production），其作用反映在生产函数中便是资本和劳动力效益的提高。[1] 主要体现在：

一是基础设施服务，如供水、供电、交通运输、信息等，属于生产的中间投入，基础设施服务的投入成本的降低都会提高生产效益。如改善交通状况会减少劳动者的非生产时间耗费，安全的卫生基础设施和洁净的饮水能改善劳动者的健康，这些要素的变化均会使劳动投入的回报率增加，劳动生产率提高，相反基础设施短缺则会导致长久持续的贫困。

二是基础设施改善和提高其他生产要素的产出率，基础设施通过影响国内市场信息和交易成本，促进市场竞争来提高经济效率，如，基础设施促使生产从手工作业向机械化方向转变，进而减少工人通勤时间，加速信息交流和进步。

三是基础设施会导致资源的流入。基础设施是区域经济发展社会发展过程中实现提高生产效率和聚集经济的必要条件。某一区域的基础设施会吸引其他资源流入，挤入私人投资（"Crowding-in" Private Investment），促使这一区位上的交易成本和要素成本降低，产生聚集经济效应（Economies of Agglomeration）。

---

[1] The World Bank：The Contributions of Infrastructure to Ewwmic Development, World Bank Discussion Papers, No. 213.

三　基础设施调节区域市场供求关系

基础设施的建设和发展带来了多元化的基础设施服务，源于基础设施的多样化类型。多元化的基础设施服务不仅为人们提供了更多的消费选择，同时也能够提供更多的机会、工作和其他类型商品的消费或者劳务的选择，进而有助于实现区域经济社会发展的多元化，如在广大农村区域，完善的基础设施如邮电通信、道路交通等设施能够给区域居民带来更多的就业机会和消费选择，而通信基础设施可以使现代技术应用于经济部门，提供信息便利，使得区域经济发展能够根据价格变化信息对生产和需求结构进行调整。[①]

四　基础设施影响区域投资和融资效应

基础设施建设能够为区域经济社会发展起到吸引投资的作用，主要表现在：一方面修建基础设施需要大量的劳动力，进而会对劳动力、资金等众多生产要素产生引致需求（Derived Demand），增加生产要素投入会通过投资乘数效应提高其他部门的产出水平。另一方面基础设施投资会使生产要素的价格升高，也会影响到其他社会部门的资金供求结构和融资成本，进而会影响到区域一定时期外部信贷平衡和财政平衡。

要实现基础设施对区域经济社会发展的增长效应，关键要把握基础设施服务，而非投资。因此，必须满足几个前提条件：一是整体宏观经济环境有利于资源的有效配置，这样有利于降低基础设施投资过程中对其他生产部门产生的挤出效应；二是保障区域范围内能够充裕地供给其他生产要素（除基础设施之外的其他要素）。只有这样，基础设施才能充分发挥其对区域经济增长的作用，并能够有效提高其他生产要素的生产效率。因此，基础设施是经济增长的前提条件；三是保障基础设施使用者的服务可靠性和服务质量。基础设施需求者或使用者是决定基础设施在消费和生产领域产生持久的经济效益的关键，而非由基础设施供给者单方面决定。因此，在发展区域基础设施建设时必须符合区域基础设

---

① 金凤君：《基础设施与区域经济发展环境》，《中国人口·资源与环境》2004 年第 4 期，第 72—76 页。

施的需求者或使用者的要求，才能充分发挥其对区域经济的增长效应；四是基础设施以有偿方式提供。基础设施的使用按照一定的价格收取使用费，根据消费者对基础设施需求量来提供有偿服务，这样可以决定基础设施服务的有效需求，可以有效避免基础设施的浪费，进而决定了其能否充分发挥其对区域经济的增长效应和环境效益，同时也有利于基础设施使用的平等性和有效性。

五　基础设施是解决"三农"问题的先行要素

发展现代化的农业，建设新农村，让农民增收，脱贫致富，必须先行发展基础设施。农村基础设施是农村生产力的重要保障，其发展程度直接制约着农村经济社会的生产力综合水平。劳动者、劳动对象、劳动条件和劳动手段等要素共同组成了生产力。其中基础设施就是劳动条件的核心要素，如果农村基础设施建设不足或建设水平落后，将严重阻碍农村生产力的发展，其他生产要素也难以发挥其应有的作用。

农村基础设施的现代化是农村现代化的重要体现，农村教育基础设施、医疗卫生保健设施的发展是提高农村劳动力综合素质的根本，也是提高农村劳动生产率和实现农村可持续发展的关键。与农业生产紧密相关的如交通运输、仓储、农田水利、农产品市场等经济基础设施既可以有效降低农业生产成本、储存成本和运输成本，提升农业生产效率和农产品市场交换能力，也可以增强农业抵御经济风险和自然灾害的能力，提高农产品的生产和销售的稳定性，促使农业生产更加产业化、市场化、专业化和一体化。农村电力能源等设施建设则是农村生产生活的基础，不可缺少。

农村通信和道路交通基础设施在提升农业生产方面起到了关键性作用。通讯基础设施和交通基础设施能够提升农村产品信息与市场的交换能力，扩大市场范围，增加农产品的需求量，促使需求结构和多元化的变动，为非农业的发展提供更加广阔的发展空间。同时便捷的交通设施和通信设施有利于促进生产要素流动，促进农村根据市场需求转变经济发展方式，提高生产效率。

农村基础设施也影响农民的收入增长，其影响机制主要体现在四个方面：一是农村基础设施通过降低农业生产成本来提高农业生产效率，直接增加农民收入；二是仓储、能源、交通运输、邮电通信等基础设施能够使非农产业获得发展，农民能够获得更多的市场和商品机会，以及其他非农业方面的机会，从而能够在非农业方面获得收入；三是在收入不变的情况下，可以大幅提高农民的购买能力；最后是农民收入的增长部分来源于参与农村基础设施建设。例如，修筑农村公路，农村电网改造等劳动密集型产业，不仅能够创造新的就业机会，而且能够直接使农民增收。

第 二 章

原中央苏区区域特征与经济
社会发展评价

第一节 自然地理特征

一 地处东南沿海腹地

原中央苏区位于东经 113°34′24″至 119°16′4″，北纬 23°22′39″至 28°50′43″之间，赣粤闽三省交界的"东南丘陵"地区，是东南沿海地区的直接腹地。东与台湾隔海相对，南与福建、广东、广西相连，西与湖南、湖北等省接壤，北与浙江、安徽等省成为一体，是我国东部地区向中西部地区延伸的重要通道，承东启西、沟通南北，在全国国土开发格局中起着调整生产力布局的"桥梁"和"纽带"作用。如图 2.1 所示。

原中央苏区地处海峡西岸经济区、长三角经济区、闽南三角经济区、鄱阳湖生态经济区、平潭综合实验区、长株潭城市群和港澳地区向中西部地区产业转移和辐射的最近区域，能够强化与珠三角、厦漳泉等沿海地区的经贸联系，拥有 5 个国家区域发展规划，形成吸引产业转移的"拉力"。这种优越的区位特征有助于原中央苏区承接产业转移，共享重大基础设施建设成果，为原中央苏区经济社会发展提供条件。

然而有着优越发展条件的同时，原中央苏区也处在区位边缘化的尴尬局面。2009 年国务院决定加快海峡西岸经济区建设，对海西经济区的原中央苏区县实行西部地区的政策待遇。中央先后批准在原中央苏区所在的三个省实施广东珠江三角洲、福建海峡西岸经济区和江西鄱阳湖生态经济区等 3 个国家区域发展战略。但从区域发展规划的空间布局来

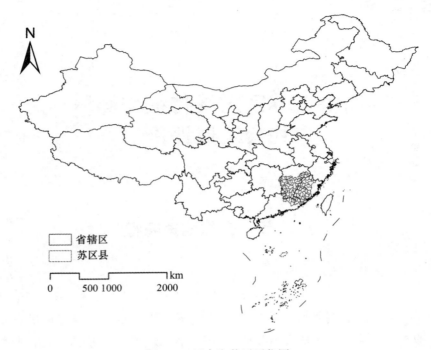

图 2.1　原中央苏区区位图

看，除福建省以外，大多数原中央苏区县都被排斥在区域发展规划范围之外，致使原中央苏区在新一轮国家区域发展战略中置于不利的境地，无法享受国家区域发展战略的政策优惠，这一尴尬局面势必进一步拉大原中央苏区县与其他县（市）的发展差距。例如，处在鄱阳湖生态经济区和海峡西岸经济区的相对边缘位置的龙南县，因难以享受到两个经济区的优惠发展政策和项目扶持资金，而给龙南建设赣州南部次中心城市和江西省中等示范城市带来了相对的劣势。原中央苏区区位特征也使其面临着"边缘化"威胁。

二　以山地丘陵为主的地形

原中央苏区大都位于江西、湖南之交的罗霄山脉与江西、福建之交的武夷山脉的中段与南段之间，境内大多丘陵叠嶂，次第起伏。赣南地区平均海拔在 300～500 米之间，丘陵占土地总面积的 61%，盆地占

17%，山地占 22%；闽西地区平均海拔 270 米至 300 米之间，境内山脉众多，平地仅占 5.17%，山群、丘陵面积达 94.8%。（如图 2.2 所示）

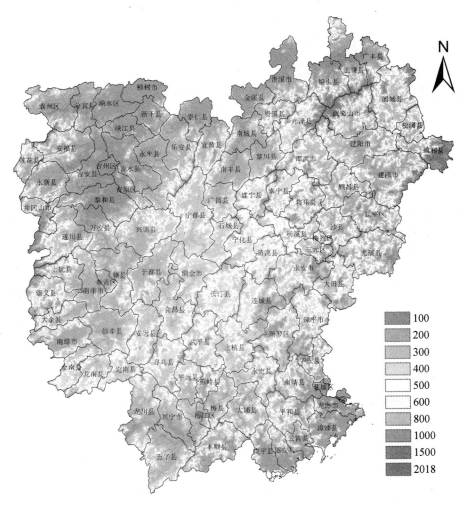

图 2.2　原中央苏区地形图

以山地丘陵为主的地形造就了原中央苏区区域内丰富的森林资源和绿色旅游资源。原中央苏区位处亚热带常绿阔叶林区，有"江南林区"的美誉，森林总覆盖率达 70% 多，如东江源区，森林覆盖率高达

79.58%，源区分布着高等植物 273 科 2260 余种，野生脊椎动物 98 科 387 种，昆虫 18 目 206 科 1541 种，源区内森林资源总价值约为 299.83 亿元，是林木直接经济价值的 4.6 倍；又如闽江流域，区域有林地覆盖率 64.96%，高于福建省森林覆盖率平均水平（60.52%）。

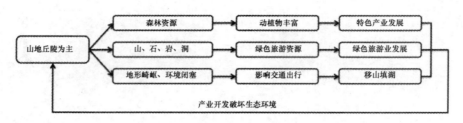

图 2.3　山地丘陵地形带来的发散影响

优越的森林资源促成了油茶、烤烟、竹笋、制药等特色产业的发展。截止 2010 年，原中央苏区中泰宁建成了 40 万亩竹林基地，明溪被国家林业部授予"中国红豆杉之乡"，沙县先后被评为"中国竹席之乡"和"中国竹子之乡"，江西崇义被誉为"中国竹子之乡"，广东平远建成了 11 个油茶种植示范基地，面积达 7.5 万亩，平远和兴宁被国家经济林协会授予"中国油茶之乡"，还有著名福建乌龙茶、章贡"关上木"、安福"陈山木"等特色产业。

坡地资源丰富，土壤类型以花岗岩和砂质岩形成的黄壤、红壤和水稻土为主，富含 Fe、Al 等氧化物，为原中央苏区瓜、果、药、粮等特色农产品种植创造了优越的土壤条件，享有"中国脐橙之乡"（信丰）、"江南绿色油库"（兴国）、"中国南酸枣之乡"（崇义）、"中国建莲之乡"（建宁）、"银杏之乡"（南雄）等盛誉，拥有南丰—寻乌蜜橘、上犹茶叶、石城白莲、全南高山蔬菜等 100 多个农业知名品牌，涵盖果蔬、花卉、中草药等数十种产业类型，绿色农产品资源特色明显。又如，猕猴桃、黄花梨、柑橘、罗汉果，琯溪蜜柚、茶叶、红柿、葛根、杜仲、红豆杉、金线莲、铁皮石斛、草珊瑚、黄精、仙草等地方性特色产品的种植得到了较好的发展，建成了建宁的 15 万亩黄花梨生产基地，清流的全国最大罗汉果生产基地，平和琯溪的 60 万亩全国最大蜜柚生产基地，永定的华东最大红柿生产基地，江西赣州（信丰、安远、寻乌县脐橙产业带）的186万亩的全国最大的脐橙生产基地、国家"寻乌蜜橘"标准化示范区、黎川县"南丰蜜橘"2.7万亩产业基地等。

此外，原中央苏区独特的丘陵地貌还形成了岩、洞、山、湖等各具特色的自然景观，为原中央苏区绿色旅游开发造就了得天独厚的资源优势。典型的有：分布在山区的君子峰、武夷山、牙梳山、罗霄山、井冈山、三清山、龙虎山、三百山、武功山、戴云山、冠豸山、东华山、西岩山、狮子岩等自然景区；湖区主要是把生态优势转化成环境优势，发展成旅游资源，最具特色的就是闽江源生态保护区、赣江源生态保护区以及抚河源生态保护区等。许多景区需要借力自然馈赠和加注人力开发，如：桃源洞—鳞隐石林、鹅洞群、"地下宫殿"溶洞群、玉虚洞、龙砣洞、官坊溶洞、赖源溶洞、九关十三隘、屏山牧场等；响应现代人休闲需求也产生了的冠豸山温泉度假村、红豆杉生态园、九寨温泉、金盆山—龙井湖旅游度假区、三十六峯和虎岗温泉、河角温泉、青龙温泉、苍石寨旅游区、七峰山旅游度假村、佗城温泉、雁鸣湖度假村等旅游胜地。

然而，原中央苏区县位处山区、丘陵地带，地理偏僻，环境封闭，山路崎岖难行，加之历史战争的破坏，为苏区经济的发展带来先天性的屏障。目前，原中央苏区境内基本无港口，铁路、高速公路、国道密度相对发达地区而言很低，乡村交通条件差，农村公路等级低、安全隐患多。生产要素难以流动，阻碍了发达地区的经济辐射，导致苏区经济发展处于被动局面。

区域内还存在较严重的水土流失和地质灾害等环境问题。红壤有机质通常在$20. \mathrm{gkg}^{-1}$以下，盐基饱和度低，胡敏酸分子结构简单，分散性强，不易絮凝，结构水稳性差。而丹霞地貌所处地带地质不稳定，自然环境较脆弱，崩塌、散落、滑坡、泥石流等地质灾害极易发生，崩塌尤为普遍。在夏季暴雨条件下，地表水下渗能力弱，容易形成水土流失，严重则造成山洪、泥石流等灾害，土壤抵御灾害的能力较弱。

通过2012年排查，发现地质灾害隐患点10524处，其中：滑坡7135处，崩塌2392处，地面塌陷229处，泥石流82处，其他686处，威胁100人以上的中型隐患点52处，对10万多人构成潜在威胁，潜在经济损失近7亿多元。由于丘陵山区植被比较好，高陡坡切坡建房多，还存在大量隐蔽的隐患点，未列入各级的监测之中，地质灾害隐患呈现增多的趋势。尤其是极端气候多，局部地区出现暴雨，持续强降雨，出现大面积群发性地质灾害的可能性较大。据不完全统计，1998 年至 2012 年 6 月，全市共发生地质灾害 19719 起，造成重大人员伤亡和经济损失，造成 140 人死亡，589 人受伤，倒塌房屋 17305 间，毁坏房屋 20204 间，毁坏农田 39122 亩，直接经济损失 22721.37 万元。仅 2012 年间，共发各类地质灾害 152 起，其中，滑坡 105 起、崩塌 41 起、泥石流 1 起、塌陷 4 起、地裂缝 1 起，造成直接经济损失 819.24 万元。①

三　亚热带季风湿润气候

原中央苏区位于亚热带海洋性季风气候区，以典型亚热带丘陵山区湿润季风气候为主，昼夜温差大，无霜期长，光照充足，土壤肥沃，降水充沛，气候四季分明。降水的季节分配，以夏雨最多，春雨次之，秋雨更次，冬雨最少，但冬季的雨量亦可占全年降水量的 10% 以上，年降水量在 1400～2400mm 之间，多年平均降水量为 1750mm。冬季北风多、气温低，夏季南风多，气温高，境内平均气温 18～20℃。具有明显的干湿季节。

原中央苏区的气候非常适宜亚热带作物和林木的生长，物产特别丰富，具有大规模发展粮食生产、畜牧业、开展动物良种繁育、水产渔业、生物制药等得天独厚的条件。以赣州苏区为例，其河流众多，水系发达，耕地面积 29.29 万公顷，有林面积 271.3 万公顷，森林覆盖率为 74.2%，农业产值高且稳，对台贸易产业支撑作用突出，在农业工业化、产业化、规模化和集约化的进程中具有较大潜力。粮食作物是水稻，部分县区还大量种植玉米。油料作物主要是油菜。饮料作物以培植茶树为主。此外，还非常利于棉花、花生、各种药材等作物生长。

优越的气候特征促进农业的发展，繁荣的经济作物和林业资源反哺原中央苏区的大气质量。原中央苏区城市空气质量均达到国家二级标准，宜居程度位居前茅。然而，由于资源开发不当、排放监督不力等因素，近年来，原中央苏区的大气污染程度逐渐引起人们重视。

---

① 数据来源：赣州调研数据。

大气污染的主要源头有旅游业、采矿业、畜禽养殖业等。旅游开发造成的大气污染主要来源于交通工具尾气排放，车辆尾气中的硫化物、氮化物、炭化物、悬浮微粒、铅等污染物质长期滞留在大气中，形成持续性污染。采矿、爆破、运输、冶炼等过程中造成的烟尘、粉尘等物理污染，粉尘污染直接伤害一切动植物，有机、有毒、有害及酸性气体物质释放造成的化学污染引发温室效应、酸雨、光化学烟雾等一系列大气环境问题，威胁水域和森林资源。畜禽养殖业未完全消化的饲料养分随畜禽粪便排出体外后，经厌氧发酵产生氨、二甲基硫醚、硫化氢、甲胺、有机酸等恶臭有害气体。恶臭的环境不仅成为蚊蝇孳生的场所，对畜禽生产性能和畜产品品质也有影响。

四　溪水密布河流纵横

原中央苏区地处三大流域：赣江、东江和闽江流域。赣江流域流量大，全长 766km，流域面积 82180km²，约占江西省总面积的 50%，是江西省境内最大河流。东江流域全长 562km，流域面积 35340km²，其中江西省境内 3500km²，占流域总面积的 9.9%，河道长 127km。闽江流域依山面海，气候温和，雨量充沛。境内主要河流——闽江是福建省最大的河流，流域面积 60992km²，约占全省总面积 122466km² 的一半，全长约 300km，被誉为福建的"母亲河"，是福建水路交通的大动脉。[①]

原中央苏区水力资源丰富，主要河流监测断面均达到Ⅲ类水质以上。区域内大、中、小型水利工程数以千计，基本建成了集蓄、引、堤、排、挡相结合，防洪、排涝、灌溉、发电、航运、供水兼顾。福建省闽江流域，拥有建宁、泰宁、宁化、清流、明溪、龙岩、长汀、连城、上杭、永定、武平、漳平、平和、将乐、沙县、邵武、诏安、武夷山、光泽、建阳、南靖、浦城共 22 个原中央苏区县，坐拥大中小型水利工程超过 453 个，水力蕴藏量共计超过 666.74 万千瓦；江西省赣江流域，拥有瑞金、兴国、宁都、于都、石城、会昌、信丰、广昌、黎川、上犹、崇义共 11 个原中央苏区县，坐拥大中小型水利工程超过

---

① 数据来源：《2012 年赣州统计年鉴》，赣州统计局、国家统计局赣州调查队编。

684 个，水力蕴藏量共计超过 129.16 万千瓦；广东省东江流域，拥有安远、寻乌、大埔、饶平、南雄、龙川、平远、梅县、兴宁共 9 个原中央苏区县，坐拥大中小型水利工程超过 50 个，水力蕴藏量共计超过203.17 万千瓦。

近年来，原中央苏区淡水养殖迅猛发展。随着江河主干流上电站和水库的兴建，形成了大量水域面积，淡水鱼养殖快速发展。如泰宁成为全省重点淡水鱼生产基地，水域面积 8.5 万亩，2006 年渔业总产 8718吨，其中养殖 7511 吨；江西瑞金推广鳗鱼标准化养殖；江西兴国县的"兴国红鲤良种场"被授予"农业部水产健康养殖示范场"称号等。

丰富的流域资源拉动着原中央苏区水利建设、水产养殖等的繁荣发展。但因自身底子薄和资源粗放型产业开发，水土流失和水体污染等问题逐渐制约着原中央苏区可持续发展的脚步。

原中央苏区多处丹霞地貌地区，山地多平地少，土壤抗蚀力弱。且地处亚热带海洋性季风气候区，雨量集中、强度大，导致原中央苏区水域底子薄、自我修复能力较弱，是水土流失严重的地带。原中央苏区引以为傲的山坡地开发果园现象的普遍存在，并不利于水土的保持。加之近年产业开发过程中对水资源的掠夺性使用，以及因为技术限制而导致的二次污染，使得水土流失和水体污染问题成为限制原中央苏区水力资源的两大元凶。计划经济时期，由于国家开采矿山时留下大量废矿渣未处理，植被恢复欠账多。特别是近年来稀土矿开发，造成大量稀土尾沙流入江河，导致河道淤塞、水库淤积。加上在发展生产、开发建设中忽视生态与环境保护，流域内水土流失几乎涉及所有行政区域和土地利用类型。流失的水土成为传输面源污染物的载体，造成土壤肥力和蓄水力下降、水质恶化、植被破坏、河道淤塞，导致河流泄洪能力下降，加剧重力侵蚀、山体滑塌等水旱灾害。

除了水土流失，水体污染也使原中央苏区水域面临严峻的考验。其中，以资源粗放采掘加工业对水体的污染最为严重。原中央苏区资源粗放采掘加工业主要有造纸业、化工业、黑色金属冶炼加工业、电力工业、机械工业、建材工业等。主要污染物有高锰酸盐、挥发性酚、氨氮、五日生化耗氧量、石油类物质、溶解氧、生化需氧量、固体悬浮物、致病微生物、硫化物等。这些大量未经处理的污水进入溪流、湖泊等水体，造成水体质量下降，加剧水体富营养化。经济快速发展、人口急剧增加、城市化水平提高和不合理的水资源开发利用等因素，都使苏区水质受到污染威胁。

五 矿产资源特别是有色金属富集

整个原中央苏区是环西太平洋成矿带的组成部分。区内地层出露齐全，岩浆活动频繁，地质构造复杂，成矿条件优越，矿产资源丰富，是我国主要的有色、稀有、稀土矿产基地之一。

原中央苏区矿产种类繁多，最多的达 140 多种，最少的也有 110 多种，重要或稀有矿产资源在全国主要矿种中，保有储量占全国 60% 以上的资源有 12 种；占 40% ~ 50% 的资源有 7 种。尤其是稀土、钨、铀等稀有金属和铜、铁、铌钽等有色金属以及高岭土、石灰石、煤、萤石及其他矿产的基础储量都排在全国前列。赣州有"稀土王国"、"世界钨都"之美誉，广昌县锂辉石储量丰富，会昌县石灰石分布广泛，兴国县花岗石、瓷土储积量较多，宁都县铀矿储量大，邵武的萤石储量尤为丰富，光泽县的花岗岩量大质优，龙岩市金属矿产和铁矿储量较多。

原中央苏区县的固体矿产资源种类全，储量丰，但人均占有量少；矿产贫矿多、富矿少，品级一般多、优质少，伴生、共生矿多；经济可利用性差的资源储量多，经济可利用的资源储量少；中、小型矿居多，适宜地方开发或乡镇集体开采。矿产资源一方面为原中央苏区县资源依赖型产业开发创造了丰厚的自然基础，但其分布规律也在一定程度上制约了大规模集约化的开发。

原中央苏区区域内矿山数量多，规模小，生产技术落后、经济效益差，经营粗放、外销原矿及初级产品多、矿产品科技含量和附加值低，矿产资源管理体制不顺等，严重制约着原中央苏区地区的社会经济发展，使原中央苏区地区人民"捧着金碗讨饭吃"。加上近年来矿产资源开采频繁，特别是露天开采的矿区工程活动剧烈，除少数大型矿山采用台阶式开采外，绝大多数为斜坡式开采，采矿宕口边坡陡峭，边坡裂隙、危岩发育，在暴雨等外力作用下，极易发生滑坡崩塌。采矿破坏严重的区域甚至易诱发崩塌、滑坡、泥石流、地震等次生灾害，严重威胁区域居民的正常生产和生活。

矿产资源作为原中央苏区县工业增长的重要动力源泉，是耗竭性的不可再生的资源，随着开采的不断深入，资源将会越来越少。根据可持续发展战略，国家逐渐加强对矿种钨、锡、离子型稀土、萤石等矿产资源的开采限制，矿产资源的国际竞争必将加剧，将会对原中央苏区县产业发展造成重大影响。

第二节　历史文化特征

一　南迁第一站，客家文化发祥地

赣州是有 2200 多年历史的国家历史文化名城，历史上，赣州是客家民系南迁的第一站，是客家人的祖居地，是见证宋城繁荣似锦的商都，是客家文化的发祥地之一，在促进世界客家文化交流等方面地位特殊。目前，闽粤赣三角地带中客家人聚集最多的地区，客家人占赣州人口总数的 90% 以上。2004 年，第十九届世界客家恳亲大会就在赣州隆重举行。

原中央苏区地处客家文化区，其方言、民居、饮食、服饰、民俗、民间文艺等文化留存，使客家文化以其历史悠久和内容丰厚而为世人所瞩目，形成了原中央苏区县独特的客家文化旅游资源。客家文化主要以客家民居为载体，将历史遗迹和风俗文化用最质朴的方式予以传承。不论是完全封闭的圆楼、方楼、五凤楼、殿堂式民居，还是相对封闭的围龙屋，都是因其特殊的历史文化背景而形成的。气垫恢宏的圆楼、错落有致的五凤楼，组合奇妙的围龙屋极富魅力，而其突出的防御性能，极端内向的空间形式，以及聚族而居的庞大体型，都是其他民居无法比拟的。此外，还有福建土楼、赣南客家围屋、福建土楼、吉安庐陵文化园、崇义上堡梯田、大余梅关古道、宁都东龙古村、石城南庐屋古村落、乐安流坑古村、金溪明清古建筑群、广昌驿前莲花古镇、莲花路口古名居、连城培田古村落、漳平奇和洞遗址、长汀店头古街、灵台山客家文化城、福建土楼、"八朵金花"的白叶村土楼、尤溪朱子文化园、赣南客家围屋、乐安流坑古村、峡江花门楼、长汀店头古街等著名的客家文化遗址。

二　孕育苏区精神，红色资源丰富

原中央苏区是红色文化的主要发源地和传承地。在土地革命战争时期，中国共产党在此为争取中华民族独立与富强文明艰苦奋斗，浴血奋战，创建了最大最重要的革命根据地，成立中华苏维埃共和国临时中央政府。在革命根据地的创建和发展中，在探索革命道路的实践中，这块红土地孕育出了以"爱国主义、坚定信念、求真务实、一心为民、清正廉洁、艰苦奋斗、争创一流、无私奉献"的苏区精神为主要内涵的红色文化。特别是赣州苏区，作为中华苏维埃共和国临时中央政府所在地，记载了中央红军气壮山河的两万五千里长征和南方红军三年游击战，浓厚的历史革命记忆给原中央苏区县留下了一笔丰富的红色旅游资源。

革命斗争中英勇的革命先驱留下的故居的保存为后人提供了瞻仰革命精神和激发爱国主义热情的机会。原中央苏区县内保存着大量的革命人旧居：兴宁何天炯故居、梅县叶剑英元帅、黄遵宪故居、饶平张竞生博士故居、安远毛泽东、朱德故居、崇义彭德怀旧居、长汀刘少奇旧居、龙岩瞿秋白烈士纪念碑等。

红色旅游是红色文化传承的重要载体。人们通过参观革命历史旧址遗迹，体验红军长征路，触摸红色文化的脉搏，汲取红色文化的营养。原中央苏区均保有革命历史的记忆。在 2011 年 4 月国家发改委、国家旅游局等 14 个部委联合印发《全国红色旅游经典景区第二批名录和全国红色旅游经典景区第一批名录（修订版）》中，江西有 10 处 31 个景区（点）列入全国红色旅游经典景区名录，涉及 50 多个县（市、区），数量和范围位居全国前列。有全国著名的"将军县"、"红军乡"、"井冈山精神"、苏维埃革命遗址群、宁都起义指挥部旧址、于都长征第一渡、安源路矿工人俱乐部旧址、张家湾秋收起义军事会议旧址等。[①]

原中央苏区留下了数量众多的革命遗址遗迹和革命精神财富，例

---

① 参见卢丽刚：《红色旅游资源的保护与开发》，西南交通大学出版社 2011 年版，第 79 页。

如，龙川中共后东特委机关与边纵司令部旧址、上杭古田会议旧址、上堡邓小平红军整训旧址、黎川第五次反围剿的团村、信丰水口战役失败后的旧址、南方三年游击战争的大量旧址、石城红石寨旧址、红四军军部旧址、中华苏维埃政府国家银行金库旧址、"宁都起义"指挥部旧址、瑞金中央政府礼堂、沙洲坝革命旧址群、长汀中华苏维埃共和国中央革命军事委员会旧址、中华苏维埃共和国临时中央政府旧址、大余南方红军三年游击战旧址、井冈山茅坪景区等。

如今，人们保护红色文化，专门设立博物馆、纪念馆、纪念园、烈士陵园等红色文化传承的场所，了解红色岁月，感知红色文化的神韵，如：平远红军纪念园、南雄烈士陵园、龙川水口战役遗址及纪念公园、饶平茂芝会议纪念馆、中山公园、大埔三河坝战役纪念园、毛泽东寻乌调查纪念馆、寻乌革命烈士纪念馆、广昌革命烈士纪念馆、中心红军长征第一渡纪念碑园、瑞金中央革命根据地历史博物馆、平和红九团三平胜利会师纪念馆、建宁原中央苏区反"围剿"纪念园、宁化城关北山革命纪念馆等。

三　古色古香，宋城文化源远流长

作为历史古城聚集地，原中央苏区拥有丰富多彩的古色文化遗址，承载着对历史的记忆，传承着宗教文化，寄托着文人墨客的潇洒人生，潜移默化地改变和保护着原中央苏区人民的人格、性情和思维模式。

例如，白鹭洲书院、万寿岩古人类文化遗址、明清尚书第古建筑群、珠玑古巷、梅关古道、宋城文化历史街区、枫元桃梨观赏园、延祥明代古建筑群、代城楼三元阁、唐代大历古城墙、双阴塔古井、"南海国"王城遗址、杨时墓、回头山、商周古文化遗址、朱熹墓、西山摩崖石刻、唐代龙窟、游酢祠堂、快阁、渼陂古村、钓源古村、吉州窑、王安石纪念馆、汤显祖文化艺术中心、汤显祖纪念馆等人文景观和著名古文化旅游景点。作为宗教文化旅游胜地，原中央苏区拥有大量保存完好的旅游景区，具有代表性的有：佛学神龛——通天岩石窟、佛教胜地——青原山、中国道教第一山——龙虎山和中国道教圣地"嗣汉天师府"。其中，青原山寺建于唐开元二十九年（741 年），为禅宗青原系开创者行思的道场，全国重点保护寺庙之一的净居寺坐落山中。此外，龙虎山国家级风景区、中国道教圣地"嗣汉天师府"及畲族风情、四大古镇、明清建筑群等一系列自然人文景观，推动促进了国际生态旅游节等旅游节庆活动的开展。另有甘露岩寺、乌仙山寺、皇恩岩寺、龙珠寺、千年古刹三平寺、兴国寺、诏安宋明寺庙、明台寺、证觉寺、东华山古寺、聚龙禅寺等分布广泛的古道寺庙。

第三节　政治资源特征

一　经济落后，国家贫困县政策扶持

贫困县，又称国家扶贫工作重点县，是国家为帮助贫困地区设立的一种标准。需根据国家级贫困县标准，并经国务院扶贫开发领导小组办公室认定。被定为贫困县的地区，将得到各级地方政府重视，享受中央财政扶贫资金，获得政策优待和扶持。

根据国务院扶贫办 2013 年发布的《省定扶贫开发工作重点县名单及其贫困村数量》[①]，福建省共有 20 个贫困县，117 个贫困村数。其中，有 10 个原中央苏区县（政和、松溪、光泽、宁化、建宁、长汀、上杭、连城、武平、平和），占全省总贫困县的 50%，根据 2010 年规划确定的贫困村数量的标准，共有 60 个贫困村，占全省总贫困村的 51%，另有 18 个原中央苏区县不在此扶贫规划内；江西省共有 61 个贫困县，1200 个贫困村数。其中，有 33 个原中央苏区县（信丰、大余、崇义、龙南、定南、全南、石城、瑞金、南康、吉州、青原、吉水、新干、永丰、泰和、安福、广丰、铅山、南城、黎川、南丰、崇仁、宜黄、金溪、资溪、湘东、上栗、芦溪、袁州、樟树、万载、分宜、贵溪），占全省总贫困县的 54%，根据 2010 年规划确定的贫困村数量的标准，共有 744 个贫困村，占全省总贫困村的 62%，另有 21 个原中央苏区县不在此扶贫规划内；广东省共有 16 个贫困县，1290 个贫困村数。其中，有 4 个原中央苏区县（龙川、大埔、丰顺、五华），占全省总贫困县的

---

① 《省定扶贫开发工作重点县名单及其贫困村数量》，《国务院扶贫办信息网》：http：//fpb. zhuxi. gov. cn/E_ ReadNews. asp? NewsID = 356.

25%，根据 2010 年规划确定的贫困村数量的标准，共有 460 个贫困村，占全省总贫困村的 36%，另有 7 个原中央苏区县不在此扶贫规划内。根据 2014 年公布的 592 个国家扶贫开发工作重点县名单中，江西省共有 21 个国家级贫困县，其中有 17 个原中央苏区县（莲花、赣县、上犹、安远、宁都、于都、兴国、会昌、寻乌、吉安、遂川、万安、永新、井冈山、乐安、广昌、上饶），占全省总贫困县的 81%。福建省共有 6 个国家级贫困县，其中有 4 个原中央苏区县（清流、浦城、光泽、松溪），占全省总贫困县的 67%。而广东省的 3 个国家级贫困县中未包含原中央苏区县。①

　　根据福建省 2013 年发布的《关于进一步扶持省级扶贫开发工作重点县加快发展的若干意见》，共有 23 个县被纳为省级贫困县，其中包括 14 个原中央苏区县），占全省贫困县总数的 61%。② 根据江西省《关于做好 2014 年提高重点高校招收农村学生比例工作的通知》，划分了 24 个省级贫困县，其中包括 20 个原中央苏区县，占全省贫困县总数的 83%。③ 广东省共有 3 个县享受国家级贫困县政策帮扶，其中虽没有原中央苏区县，但广东省省级重点扶贫的特困县名单中（共 13 个）：五华、丰顺、大埔这三个原中央苏区县受到了省政府的补充政策的优待，且在 12 个山区贫困县名单中，南雄、蕉岭、平远这三个原中央苏区县同样受到了关注。

　　随着国家级、省级、山区贫困县的确定，中央、省市等各级政府颁布一系列政策措施为贫困县提供帮扶。福建省委、省政府 2013 年印发的《关于进一步扶持省级扶贫开发工作重点县加快发展的若干意见》（下称《意见》）。《意见》提出了 7 大措施，力求为贫困县"输血、造血、扶智、扶志"。④ 此外，根据福建科技厅印发的《省级扶贫开发工

---

① 《新时期 592 个国家扶贫开发工作重点县名单》，《国务院扶贫办信息网》：http://www.cpad.gov.cn/.

② 《中共福建省委、福建省人民政府关于进一步扶持省级扶贫开发工作重点县加快发展的若干意见》（闽委发〔2013〕8 号）。

③ 《关于做好 2014 年提高重点高校招收农村学生比例工作的通知》（教学〔2014〕2 号）。

④ 《中共福建省委、福建省人民政府关于进一步扶持省级扶贫开发工作重点县加快发展的若干意见》（闽委发〔2013〕8 号）。

作重点县人才支持计划科技人员专项计划实施方案》规定，从 2014 年至 2020 年，每年将选派 360 名科技人员，分别奔赴省内的 23 个省级扶贫开发重点县，帮助当地解决其在经济社会发展中所遇到的关键技术问题。①

广东省针对 2011 年中共中央、国务院印发的《中国农村扶贫开发纲要（2011—2020 年)》和《关于贯彻实施〈中国农村扶贫开发纲要（2011—2020 年)〉重要政策措施分工方案》（中办发〔2011〕27 号），对《财政扶贫资金管理办法（试行)》（财农字〔2000〕18 号）进行了修订，制定了《财政专项扶贫资金管理办法》，以求加强和规范财政专项扶贫资金使用与管理，促进提升资金使用效益。② 并有扶贫办、民政部、财政部、统计局、中国残联联合印发的《关于做好农村最低生活保障制度和扶贫开发政策有效衔接扩大试点工作的意见》指导，落实开发式扶贫政策，完善扶贫工作制度。③ 自 2012 年开始，对各省（自治区、直辖市）扶贫开发工作进行考核，引导地方各级政府协调各种资源参与扶贫开发，落实扶贫开发责任④。

根据《关于创新机制扎实推进农村扶贫开发工作的意见》（中办发〔2013〕25 号）和《中国农村扶贫开发纲要（2011—2020 年)》的精神，2011 年年底，江西省委、省政府正式颁发了《江西省农村扶贫开发纲要（2011—2020)》，2013 年 3 月，江西省扶贫和移民办综合处印发《江西省赣南等中央苏区和特困片区产业扶贫资金项目实施办法（试行)》（赣扶移字〔2013〕15 号），绘就了面向未来十年的全省扶贫攻坚战略蓝图："在未来十年每年将安排 3 亿元专项扶贫资金，集中支持原中央苏区和连片特困地区 38 个县（市、区）发展，争取 2020 年实现原中央苏区全面小康。" 此外，根据《中国农村扶贫开发纲要

---

① 《省级扶贫开发工作重点县人才支持计划科技人员专项计划实施方案》（国科发农〔2014〕105 号）。

② 关于印发《财政专项扶贫资金管理办法》的通知，《广东扶贫信息网》：http：//www. gdfp. gov. cn/.

③ 《农村低保制度和扶贫开发政策有效衔接扩大试点意见》，《广东扶贫信息网》：ht-tp：//www. gdfp. gov. cn/.

④ 关于印发《扶贫开发工作考核办法（试行)》的通知，《广东扶贫信息网》：http：//www. gdfp. gov. cn/.

（2011—2020 年）》《中发〔2011〕10 号）的要求，依据《国民经济和社会发展第十二个五年规划纲要》、《全国主体功能区规划》（国发〔2010〕46 号）、《国务院关于支持赣南等中央苏区振兴发展的若干意见》（国发〔2012〕21 号）、《国务院关于大力实施促进中部地区崛起战略的若干意见》（国发〔2012〕43 号）与《关于下发集中连片特殊困难地区分县名单的通知》（国开发〔2011〕7 号）等相关重要文件精神，国务院 2013 年印发了《罗霄山片区区域发展与扶贫攻坚规划（2011—2020 年）》，明确了区域发展与扶贫攻坚的总体要求、空间布局、重点任务和政策措施，为指导区域发展和扶贫攻坚提供重要依据。①

二　特殊贡献，原中央苏区特殊政策支持

原中央苏区的革命斗争历史横跨 20 个世纪 20 年代末到 30 年代前期的异常残酷的土地革命战争，遭受了人口损失、社会财富损失、现代化进程中断等创伤。新中国成立后，由于存在许多特殊困难和问题，原中央苏区仍未能从根本上改变贫困落后的面貌。

加快赣闽粤原中央苏区振兴发展，对于探索革命老区扶贫攻坚新路子、推动实现跨越式发展、全国同步实现全面建成小康社会的奋斗目标，具有十分重要的意义。正如国家发展改革委副主任杜鹰所言，赣南等原中央苏区概括起来有四个特殊：作出了特殊贡献、有特殊地位、存在特殊困难、需要特殊支持。

一是获得原中央苏区振兴政策支持。2012 年 6 月，《国务院关于支持赣南等原中央苏区振兴发展的若干意见》颁发，同年 10 月 10 日，国务院办公厅关于印发《支持赣南等中央苏区振兴发展重点工作部门分工方案的通知》。2014 年 3 月 11 日，国务院印发了《关于赣闽粤原中央苏区振兴发展规划的批复》，正式批准实施《赣闽粤中央苏区振兴发展规划》，该批复要求，江西、福建、广东省人民政府要切实加强对《规划》实施的组织领导，完善工作机制，落实工作责

---

① 《国务院关于罗霄山片区区域发展与扶贫攻坚规划（2011—2020 年）的批复》（国函〔2012〕216 号）。

任，制定实施意见和具体工作方案，推进重点领域改革和体制机制创新，确保《规划》确定的目标任务如期实现。国务院有关部门要按照职能分工，落实工作任务，加强协调指导和信息沟通，在政策实施、项目建设、资金投入、体制创新等方面给予积极支持，帮助解决《规划》实施中遇到的困难和问题，为赣闽粤原中央苏区振兴发展营造良好政策环境。这些政策对原中央苏区振兴发展的支持力度是前所未有的。

　　原中央苏区所在省级政府也出台了相应实施政策支持苏区发展。2012 年，江西省出台了《江西省委政府关于贯彻〈国务院关于支持赣南等原中央苏区振兴发展的若干意见〉的实施意见》，转发国务院办公厅关于印发《支持赣南等中央苏区振兴发展重点工作部门分工方案》（赣府厅字〔2012〕176 号），细化省直有关部门和设区市政府职责，逐一加强与国家部委的沟通汇报和对口衔接。① 江西省地税局发布 66 条税收优惠政策，省财政发布七项财税优惠政策。②

　　二是获得促进老区发展政策支持。如中央财政除通过统一的转移支付制度对革命老区所在省区加大支持外，还制定了专项转移支付和实施税收优惠政策等专项支持政策设立革命老区政策。从 2001 年起，中央财政单独设立了土地革命时期老区转移支付。为了充分发挥资金的使用效益，让老区人民切身感受到党中央的温暖，中央明确省级和市级财政要将中央对革命老区的转移支付资金分配落实到对中国革命做出较大贡献且财政较为困难的连片革命老区，用于帮助老区人民群众改善生产生活条件。并要求有条件的地区可以在预算中安排一些资金，增加对革命老区转移支付规模。对国家确定的革命老根据地、少数民族地区、边远地区、贫困地区新办的企业，经主管税务机关批准后，可减征或者免征所得税 3 年。此外，革命老区还可以统一享受国家现行的区域、产业和行业税收优惠政策。

---

　　① 《支持赣南等中央苏区振兴发展重点工作部门分工方案》（赣府厅字〔2012〕176 号）。

　　② 《江西实行七项财税优惠政策支持赣南苏区发展》，《江西省人民政府》：http://www.jiangxi. gov. cn/zfgz/hgjj/jxjjdt/201209/t20120904_ 766363. htm.

江西省根据财政部《革命老区专项转移支付资金管理办法》（财预〔2006〕61 号）和《江西省革命老区专项转移支付资金管理办法》（赣财预〔2006〕61 号），2006 年制定《江西省革命老区专项转移支付资金三年项目规划》，2008 年制定《江西省革命老区专项转移支付资金2009—2011 年项目规划》，规范革命老区专项转移支付资金管理，确保专项资金安排的科学性和合理性，提高项目建设质量和资金使用效益。2011 年，福建省委、省政府出台的《关于支持和促进革命老区加快发展的若干意见》指出，一要全力支持老区基础设施建设，进一步改善老区发展环境；二要支持老区加快以改善民生为重点的社会建设，推动老区公共服务上新水平；三要支持老区发展特色经济，提高老区自我发展能力；四要支持老区深化改革扩大开放，增强老区发展的动力和活力；五要实施老区村跨越发展工程，提升老区发展水平。① 从 2010 年起，国家财政开始拨给大埔县发展资金 960 万元。对南雄等广东省原中央苏区县，在资金、政策等方面也参照大埔的做法给予大力支持。广东省财政从 2010 年起每年安排原中央苏区县建设专项资金补助，并将大埔县列入 2010 年省直管县改革试点范围，为当地社会经济发展注入新的活力。②

第四节　经济社会发展特征

一　经济发展水平较低

近 90% 的抽样原中央苏区县地区生产总值不足 100 亿元人民币，县域经济总量很小。考虑三省抽样县在国土面积、人口等指标上存在一定差异，且三省抽样的原中央苏区县的数量不同，以下分析人均地区生产总值水平。

2010 年全国人均 GDP 为 29748 元。原中央苏区人均 GDP 为 19326

---

① 《中共福建省委福建省人民政府关于支持和促进革命老区加快发展的若干意见》，《山城村党建网》：sccdjw. com.

② 《广东 7 县被确认为原中央苏区县》，《新华网》：http：//news. xinhuanet. com/local/2011 - 11/04/c_ 122236901. htm.

元，远低于全国水平，亦低于广东的 44070 元、福建的 39906 元和江西的 21182 元。人均 GDP 高于全国水平的县市大多集中在福建省，包括龙岩市区、漳州市区、漳平、邵武、南靖、龙海、沙县、永安、泰宁、将乐等 10 个县市，以及江西的章贡区、渝水区、萍乡市（含辖区）、贵溪、分宜，广东的梅江区。原中央苏区人均 GDP 不到全国平均水平一半的县市包括，江西的瑞金、于都、兴国、宁都、石城、会昌、寻乌、安远、信丰、赣县、南康、上犹、全南、吉水、泰和、万安、永丰、永新、遂川、广昌、黎川、宜黄、乐安、资溪、金溪、铅山、上饶县、袁州区、万载、莲花，广东的大埔、南雄、饶平、龙川、平远、兴宁、丰顺、五华，福建的政和。特别是江西和广东，人均 GDP 不到全国平均水平一半的原中央苏区县市比例分别达到 56% 和 73%。甚至还有 13 个县市人均 GDP 还不足万元。

二　产业结构层次不高

按第二产业占总产值比重 40% 和 60% 来划分工业化阶段，则可判断出全国、广东、福建、江西均已经进入工业化中期，原中央苏区也基本进入了工业化中期阶段（表 2.1）。根据产业结构高级化的方向，即第一产业比例逐渐减小，第二产业先增后减，第三产业逐步增加，意味着第一产业向第二产业和第三产业的逐次转移。但从数据可看出，原中央苏区第一产业比例偏重，农业仍占据重要地位。特别要指出的是，区域内寻乌、安远、南丰、宁化、诏安、光泽、政和、平和等县市还处于农业经济时期，第一产业比重均超过 30%。而寻乌、安远、平和、光泽、五华、政和等县则还未走出农业经济占主导的产业结构，其第一产业比重大于第二产业比重，产业结构处于较低层次。

表 2.1　　　　　　　　　　　区域产业结构

区域	第一产业	第二产业	第三产业	产业结构比例
原中央苏区	1355.7	4123.7	2766.5	16.44 : 50.01 : 33.55
广东	2287.0	23014.5	20711.6	4.97 : 50.02 : 45.01

区域	第一产业	第二产业	第三产业	产业结构比例
福建	1363.7	7522.8	5850.6	9.25∶51.05∶39.7
江西	1207.0	5122.9	3121.4	12.77∶54.2∶33.03
全国	40533.6	187581.4	173087.0	10.1∶46.75∶43.14

数据来源:《2011 年中国统计年鉴》。

针对产业结构比例,结合实际调研结果,分析当前产业结构形成的原因。

第一,农业方面。①生产方式落后,分散生产,自负盈亏,自主经营,年复一年地重复简单再生产,生产成本居高不下,不适应商品大生产大流通的需要,劳动生产率提高缓慢。在利益共享、风险共担的机制不完善、落实有偏差的经济社会环境下,农户缺乏参与产业化合作和合伙经营的积极性。②金融保险业对农业的支持非常薄弱。农户因为受制于很低的农民人均纯收入,对农业的投资很少。③农村劳动力素质不高。原中央苏区县农村劳动力大量转移到城镇,滞留在当地从事农业的劳动力整体素质低,高龄、低学历劳动力多,直接导致农业科技研发的后备力量不足。

第二,工业方面。①规模小。工业发展仍属于粗放型增长方式,高投入、高能耗、高污染、高成本。②以传统制造业为主,生产模式大多是处于价值链低端的来料加工、订单加工、装配组装,附加值低。例如,江西全南的四大产业——矿产品加工、轻纺服饰、机械电子、木竹加工,均处在产业链的低端,附加值非常低。③产业集聚程度低,工业发展未能产生集群效应。

第三,服务业方面。①业态单一,仍以传统的批发和零售业、住宿和餐饮业、交通运输、仓储和邮政业为主,而信息传输、计算机服务和软件业、金融业、文化体育和娱乐业等新兴的服务业虽然有所发展,但规模不大,信息中介、现代物流、法律服务等现代服务业与先进地区相比还有很大的差距,旅游业开发的程度不够,行业竞争力不强。②规模小,无法形成规模经济。③受制于经济发展的整体水平,第三产业比重在极大部分县表现为徘徊不前。现代服务业发展需要的人才十分匮乏。

三　城市化水平较弱

近年来，原中央苏区城市建设日新月异，城市宜居度不断提高，但由于原中央苏区历史欠账较多、基础设施不完善、工业基础薄弱等多方因素的制约，整个原中央苏区经济总量小，县域经济发展水平低，城市化水平明显低于全国平均水平。

统计资料显示，2010 年仅为 27.45%，低于江西全省的 44.1%、福建全省的 57.1% 和广东全省的 66.2%，也低于全国的 47.5%。区域内有 8 个设区市和 14 个县级市，设区市为赣州、吉安、新余、宜春、萍乡、龙岩、漳州、梅州；县级市为瑞金、南康、井冈山、贵溪、樟树、邵武、武夷山、龙海、永安、建瓯、建阳、漳平、南雄、兴宁。区域城市化水平差距显著，最高的区域为广东的梅江区，达到 98.68%，最低的区域为江西的上饶县和广东的丰顺，均低于 10%。城市化水平高于全国的县市仅包括赣州、吉安、新余、萍乡、龙岩、漳州、梅州等 7 个设区市的市区以及永安市。94% 的县市城市化水平低于全国平均水平。

第五节　经济社会发展评价

一　评价模型

本评价采用主成分分析法。对给定的 n 个样本（区域），p 个观测变量（xj）的样本数据，往往由于各指标间的相关性，而增加了样本内部的错综复杂关系。因此，寻找 m 个综合指标（主成分）F_1、$F_2 \cdots Fm$（m < p）来分别综合存在于变量中的各类信息，而综合指标间彼此不相关。每个主成份与观测变量间的关系可表示为：

$$
\begin{cases}
x1 = a11F1 + a12F2 + \cdots + a1mFm + \varepsilon1 \\
x2 = a21F1 + a22F2 + \cdots + a1mFm + \varepsilon2 \\
\quad\quad\quad\vdots \\
xp = ap1F1 + ap2F2 + \cdots + apmFm + \varepsilon p
\end{cases} \tag{1}
$$

模型（1）即称为主成分模型，写成矩阵形式为：

$$
x = AF + \varepsilon \tag{2}
$$

其中 x ＝（x1，x2，…，xp）′，F ＝（F1，F2，…Fm）′，ε ＝（ε1，

$ε2$，…，$εp$）′

$$A = \begin{Bmatrix} a11\,a12\cdots a1m \\ a21\ \ a22\cdots a2m \\ \vdots \\ ap1\ \ ap2\cdots apm \end{Bmatrix}$$

模型（2）中各主成分 $F1$，$F2$，…Fm 是相互独立的不可观测的理论变量，其经济含义由具体问题而定。$ε1$，$ε2$，…，$εp$ 是残差因子，各残差因子之间及残差因子与所有主成分之间相互独立。系数矩阵 A 即因子载荷矩阵，其元素（aij）的大小反映公共因子 Fj 对于观测变量 xi 的载荷量大小。

在实际问题中，通常由于残差的影响很小，因而忽略不计，于是因子模型变为：

$x = AF$ (3)

（一）主成分得分

设主成分分 F 由观测变量 x 表示的线性组合为：

$Fj = bj1x1 + bj2x2 + \cdots + bjpxp$，$j = 1$，2，…$m$ (4)

方程（4）称为主成分得分函数，由它来计算每个样本的主成分得分。实际中常取方差贡献率 $cj = λj/\sum ni = 1λi$（$λi$ 为样本数据矩阵 X 的第 i 个特征根）之和 $\sum mj = 1cj \geqslant 0.85$ 的前 m 个主成分计算主成分得分。因此每个样本在 m 个主成分上的得分总计为：

$F = \sum mj = 1Fjcj/\sum mj = 1cj$ (5)

（二）模糊综合评价[①]

设具体问题中评价指标体系共有 l 个层面，dk（$k = 1$，2，…，l）为第 k 个层面的权重，用模糊评价法确定如下：（1）确定 l 个层面对于评价模糊目标重要性的排序；（2）根据各层面的排序，确定其对于目标重要性的隶属度值，归一化后即得各层面的评价权重。样本的综合评价得分计算公式为：

$Z = \sum lk = 1dkFk$ (6)

其中 Z 为综合得分，Fk 为样本在第 k 个层面指标中的得分总计，

---

① 陈守煜：《系统模糊决策理论与应用》，大连理工大学出版社 1994 年版。

$k = 1$，2，…，l。

二 评价分析

本文使用 SPSS17.0 软件进行主成分分析，通过计算原中央苏区 37 个样本县（市）经济社会统计指标的相关矩阵，发现大多指标间相关系数较高，且相关系数矩阵中的绝大部分相关系数基本上都大于 0.3。因此，我们选择了地方财政收入、地方财政支出、城乡居民储蓄存款余额、年末金融机构各项贷款余额、规模以上工业企业个数、规模以上工业总产值、在岗职工平均工资、农村居民人均纯收入、社会消费品零售总额、普通中学在校学生人数、全社会固定资产投资、城镇固定资产投资完成额、村民委员会个数、医院、卫生院床位数、社会福利院个数、地区生产总值、人均地区生产总值等 17 个指标做因子分析。

进一步进行 KMO（Kaiser-Meyer-Olkin）测度和巴特利特球度（Bartlett test of sphericity）检验，KMO 系数为 0.829，巴特利特球度检验 X^2 值为 1076.082（df = 136，p < 0.01）。因此，原有指标适合做因子分析。

表 2.2　　　　　　　　　　KMO 和 Bartlett 的检验

取样足够度的 Kaiser-Meyer-Olkin 度量		0.8
Bartlett 的球形度检验	近似卡方	1076.1
	df	136.0
	Sig.	0.0

主成分的提取，首先给各指标原始数据进行标准化处理，得到各指标的标准化数据。再以各指标标准化数据的相关矩阵为根据，通过使用主成分分析法提取 2 个因子。结合主成分提取结果和碎石图（见图 2.4），前两个因子累计解释原有变量 81.121% 以上的信息，碎石图中明显的拐点为 2。因此，提取 2 个主成分是合适的。由于旋转前 2 个主成分的实际含义较模糊，采用方差最大法对主成分载荷矩阵进行正交旋转，旋转后的主成分载荷及主成分得分见表 2.4。

表 2.3　　　　　　　　　　　　　解释的总方差

成分	初始特征值			提取平方和载入			旋转平方和载入		
	合计	方差的百分比（%）	累积百分比（%）	合计	方差的百分比（%）	累积百分比（%）	合计	方差的百分比（%）	累积百分比（%）
1	10.48	61.62	61.62	10.48	61.62	61.62	8.12	47.78	47.784
2	3.32	19.51	81.12	3.32	19.51	81.12	5.67	33.34	81.121
3	0.88	5.14	86.27						
4	0.70	4.14	90.40						
5	0.58	3.42	93.82						
6	0.29	1.72	95.54						
7	0.23	1.37	96.91						
8	0.14	0.81	97.73						
9	0.12	0.67	98.40						
10	0.09	0.51	98.91						
11	0.06	0.37	99.28						
12	0.05	0.28	99.56						
13	0.04	0.21	99.77						
14	0.02	0.11	99.88						
15	0.01	0.06	99.94						
16	0.01	0.05	99.98						
17	0.00	0.02	100.0						

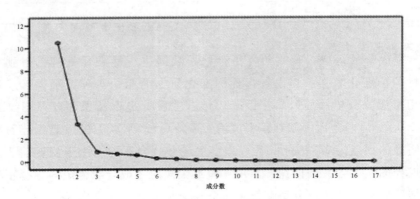

图 2.4　碎石图

表 2.4   旋转成分矩阵 a

	成分	
	1	2
地方财政收入（亿元）	0.910	
社会消费品零售总额（亿元）	0.769	
全社会固定资产投资（亿元）	0.924	
城镇固定资产投资完成额（亿元）	0.918	
年末金融机构各项贷款余额（亿元）	0.800	
规模以上工业企业数（个）	0.840	
规模以上工业总产值（现价）（亿元）	0.806	
农村居民人均纯收入（元）	0.564	
地区生产总值（亿元）	0.887	
人均地区生产总值（元/人）	0.896	
在岗职工平均工资（元）		0.560
地方财政支出（亿元）		0.739
城乡居民储蓄存款余额（亿元）		0.714
普通中学在校学生数（万人）		0.880
村民委员会个数（个）		0.925
医院、卫生院床位数（万张）		0.895
社会福利院数（个）		0.849

提取方法：主成分分析法。旋转法：具有 Kaiser 标准化的正交旋转法。a. 旋转在 3 次迭代后收敛。

　　从表 2.4 可知，第一个主成分 F_1 在地方财政收入、年末金融机构各项贷款余额、规模以上工业企业个数、规模以上工业总产值、农村居民人均纯收入、社会消费品零售总额、全社会固定资产投资、城镇固定资产投资完成额、地区生产总值、人均地区生产总值有较高的载荷量，反映了原中央苏区经济发展水平状况。因此，可以将 F_1 称之为经济发展主成分，它综合了整个指标体系 47.78% 的信息；第二个主成分 F_2 在地方财政支出、城乡居民储蓄存款余额、在岗职工平均工资、普通中学在校学生人数、村民委员会个数、医院、卫生院床位数、社会福利院个数等指标上有较高的载荷量，反映了原中央苏区社会发展状况，它综合了整个指标体系 33.34% 的信息。

　　使用回归分析得到每个公共因子得分及其总得分，按照方差贡献率占两个主成分总方差贡献率的比重作为权重，并进行加权汇总，得到江西省原中央苏区 37 个县市的经济社会发展水平综合得分（见表 2.5）。因此，就可以运用综合得分来评价江西省原中央苏区 37 个县（市）的经济社会发展水平的具体特征（见表 2.5）。综合得分的具体计算公式如下：

$$Z = （主成分 F_1 权重 \times F_1 + 主成分 F_2 权重 \times F_2）/总权重$$

表 2.5　　　　　　　　　主成分及综合成分得分

	F_1			F_2			Z	
地区	得分	排名	地区	得分	排名	地区	得分	排名
龙南县	0.75819	1	于都县	2.34765	1	南康市	0.7017	1
吉安县	0.66271	2	南康市	1.95862	2	吉安县	0.6403	2
新干县	0.63477	3	兴国县	1.5618	3	泰和县	0.5055	3
南城县	0.4496	4	宁都县	1.53668	4	于都县	0.3538	4
大余县	0.41526	5	遂川县	1.11147	5	信丰县	0.3476	5
南丰县	0.40878	6	瑞金市	1.06431	6	新干县	0.3309	6
崇仁县	0.39226	7	赣县	1.00455	7	龙南县	0.3095	7
泰和县	0.35147	8	泰和县	0.99237	8	赣县	0.2353	8
南康市	0.30405	9	会昌县	0.7972	9	安福县	0.1744	9
信丰县	0.22015	10	永新县	0.76898	10	南城县	0.1622	10
安福县	0.16666	11	信丰县	0.75058	11	吉水县	0.1469	11
吉水县	0.11542	12	吉安县	0.57	12	崇仁县	0.1312	12
永丰县	0.04134	13	吉水县	0.24625	13	大余县	0.1256	13
井冈山市	0.00571	14	永丰县	0.20814	14	南丰县	0.1039	14
赣县	−0.00813	15	安福县	0.19908	15	永丰县	0.0814	15
崇义县	−0.00962	16	乐安县	0.12109	16	兴国县	0.0146	16
金溪县	−0.04231	17	万安县	−0.00129	17	宁都县	−0.0058	17
黎川县	−0.09169	18	安远县	−0.00895	18	遂川县	−0.0296	18
峡江县	−0.10171	19	寻乌县	−0.03178	19	瑞金市	−0.1009	19
定南县	−0.11884	20	石城县	−0.24206	20	金溪县	−0.2186	20
资溪县	−0.19172	21	上犹县	−0.27617	21	黎川县	−0.2635	21

续表

F_1		F_2		Z	
宜黄县	− 0.22394	22	广昌县	− 0.60432	22	永新县	− 0.2831	22
于都县	− 0.27716	23	新干县	− 0.62893	23	崇义县	− 0.2851	23
全南县	− 0.31145	24	崇仁县	− 0.69364	24	井冈山市	− 0.2883	24
遂川县	− 0.39076	25	南城县	− 0.74572	25	定南县	− 0.3163	25
瑞金市	− 0.46971	26	金溪县	− 0.77585	26	宜黄县	− 0.3812	26
兴国县	− 0.47516	27	大余县	− 0.78931	27	峡江县	− 0.3936	27
宁都县	− 0.49394	28	黎川县	− 0.80652	28	万安县	− 0.4109	28
万安县	− 0.54062	29	南丰县	− 0.85909	29	会昌县	− 0.4637	29
永新县	− 0.61614	30	宜黄县	− 0.87811	30	资溪县	− 0.5097	30
广昌县	− 0.67157	31	定南县	− 0.94048	31	全南县	− 0.5379	31
上犹县	− 0.72899	32	龙南县	− 1.10797	32	乐安县	− 0.6175	32
寻乌县	− 0.82378	33	崇义县	− 1.15575	33	上犹县	− 0.62	33
乐安县	− 0.8514	34	井冈山市	− 1.2173	34	寻乌县	− 0.6333	34
会昌县	− 0.86288	35	全南县	− 1.25376	35	广昌县	− 0.6553	35
安远县	− 0.91088	36	峡江县	− 1.316	36	安远县	− 0.6939	36
石城县	− 0.98941	37	资溪县	− 1.51452	37	石城县	− 0.8096	37

从表 2.4 可以得出以下结论：

（1）江西原中央苏区 37 个样本县（市）的经济社会发展水平综合得分排前五位的分别是南康市（0.701）、吉安县（0.643）、泰和线（0.505）、于都县（0.353）和信丰县（0.347），综合得分排在后五位的分别是石城县（− 0.809）、安远县（− 0.693）、广昌县（− 0.655）、寻乌县（− 0.633）和上犹县（− 0.620）。

（2）发展水平综合得分为正数的区域有 16 个县（市），仅占江西原中央苏区 37 个样本县（市）的 43.2%。

（3）从表征经济发展情况的主成分 F_1 来看，得分排前五位的是龙南县（0.758）、吉安县（0.662）、新干县（0.634）、南城县（0.449）和大余县（0.415）。这表明，这几个县（市）在经济发展水平上具有一定优势。

（4）从表征社会发展情况的主成分 F_2 来看，得分最高的分别是于都（2.347）、南康（1.958）、兴国（1.561）、宁都（1.536）和遂川县（1.111）。这表明，这几个县市在社会发展水平方面处于领先地位。

第 三 章

苏维埃时期中央苏区的基础设施与公共服务能力建设

原中央苏区也称中央革命根据地，是第二次国内革命战争时期全国最大的革命根据地，是全国苏维埃运动的中心区域，是中华苏维埃共和国党政军首脑机关所在地。作为一个与南京国民政府相对峙的政权，为了达到有效的社会管理，中共党人在基础设施与公共服务能力建设方面，也进行了有力的探索。这些举措主要包括交通、水利、能源（矿产）等生产性基础设施建设与文化、教育、卫生与体育等非生产性基础设施建设，着力提升其公共服务能力。

第一节　红色生命线——交通

1930 年 10 月，江西省苏维埃政府成立，所辖 18 个县、240 万人口，江西省苏维埃政府的交通线以于都为中心（1933 年 8 月以前）。1931 年冬，赣西南和闽西连成一片，形成了涵盖赣闽两省 29 个县、人口达 300 余万的原中央苏区。整个原中央苏区的交通线则以瑞金为中心。[①] 之外还有一条沟通粤、沪的秘密交通线。

一　以于都为中心的交通线

这条交通线有五条：一是于都—兴国—宁都—东固。由于都县城出发，向北经高屋寮、长坑、岭背、石板丘、仙下、谢坑到银坑。由银坑

---

① 本书编写组：《江西苏区交通运输史》，人民交通出版社 1991 年版，第 51—52 页。

向西经九屋背，再向北经暗脑、新圩子、大坑，折向西经新开岭、江背、狮陂、坝南，到兴国。由银坑向东北，经洋河桥、葛坳圩、坪脑、女冠到宁都县城。由女冠向西再向北经稠陂下、背塘向西经窑下、梅窖到古龙岗，经深塘、莲塘、石印到枫边，向西到珠岭，折向北到东固。二是于都—赣县。由于都向西经郭屋寮、罗坳、峡山圩、江口，再向西南经黄龙铺、茅店到赣县。三是于都—瑞金—长胜。由于都往东经大岗脑、潭头圩、黄龙到中心排。由中心排向东南走经莲塘、杉树排、黄安圩、梅岗、胡岭背到瑞金县城。由中心排向东北经万田、岗面圩、瑞林过渡，经麻斜、坝脑过渡到大塘洲向东经江口过渡，经水枞、蟛龙窝到长胜。四是于都—会昌。由于都经杉树排向东南经砖石下、凤凰、大坑头、官路下、文武坝到会昌。五是于都—信丰。由于都县城往南经老李屋向西南经花坛、小溪、金沙、高龙坑、小盆圩，再向西南走经马料径、大石下、大屋、周坝到信丰县城。

为加强对各地交通站的统一管理，在江西省苏维埃政府内设交通部，交通部下设赣西赤卫军总指挥部和赣南赤卫军总指挥部。这样一来，江西苏区便形成了交通部—赤卫军总指挥部—交通总站—交通站—瞭望哨的交通管理体系。吉闽（西）、吉乐（安）、吉信（丰）、吉赣（县）、吉永（丰）5条干线共设有交通站128个，瞭望哨337个，大的站设有5人，一般的设2—3人不等。交通员一律由赤卫队员担任。[①]

二　以瑞金为中心的交通线

瑞金地处武夷山南段，东、北、南三面环山，地势高峻，渐次向西南部和中部倾斜，构成以象湖镇为中心的盆地形状。境内交通闭塞，但山间有许多山坳、隘口可供利用。自古瑞金与福建的长汀，江西的石城、宁都、于都、会昌等县就有山道往来。1931年年底，中华苏维埃共和国成立后，原中央苏区8条以瑞金为中心的交通线形成：一是瑞金—宁都—宜黄—乐安。由瑞金出发，向北经大柏地、长胜到宁都县

---

① 钱俊君、蒋响元编著：《中国共产党交通大战略》，当代中国出版社2011年版，第32页。

城，再向北经狮子寨、路口、永乐、东陂到宜黄县城。由永乐到东韶再经陂头、招携、增田到乐安县城。二是瑞金—石城—固厚—广昌—南丰—南城—金溪—抚州。由瑞金出发，东北经彭坑、壬田、隘前、龙岗、官桥头、观下到石城县琴江镇。由龙岗向西北经大犹、固村到固厚（彭湃县苏维埃所在地）。由琴江镇再向北走经小松、驿前、良田到赤水。由赤水向北经广昌县城沿盱江而下经白舍到南丰，经株良到南城。由南城向东北经黄狮渡到金溪。由南城向西北经岳口、腾桥、东馆到抚州。三是瑞金—于都。由瑞金县城向西经沙洲坝折向西北，经枫树林、清溪到官仓圩。由瑞金向西经湖岭背，黄安圩、潭头圩到于都县城。四是瑞金—长汀—清流—宁化—建宁—泰宁—黎川。由瑞金往东经彭坊、仰山排、七里桥到长汀。由长汀向东北走经新桥、安乐、谢坑，再向东北走到清流县城。谢坑向西北走到宁化。宁化往北经安远、均口到建宁县。建宁再向西经梅口到泰宁。由泰宁折向北经对排、茅店、东山、三都到黎川。五是瑞金—长汀—连城—龙岩。由瑞金向东到长汀。由长汀向东南经南坑、河田、中夏、张家营到朋口，折向北经天马、龙岗、陂头到福建连城。由朋口向西南经新泉折向东南，经郭车、龙门到福建龙岩。六是瑞金—会昌—筠门岭—武平、寻乌。由瑞金向南经泽潭、武阳、大嵊背、张陂塘、文武坝到会昌县城。由会昌向南经小渔潭、麻州到右水圩。由右水圩向东南经蕉林、田尾到筠门岭。筠门岭往东南经山子脑、禾仓坑、滩头坝过渡到桂坑圩，再经火烧窝、张坑到东留，往前再走20公里到福建武平县城。由筠门岭往南经麻地圳、江贝、吉潭，折向西经梧桐圳、大路下到寻乌县城。七是瑞金—会昌—寻乌—安远—信丰。由瑞金经会昌、寻乌到安远。由安远县城向西后向北经黎村、车头到版石圩。由版石圩往西经新田、大桥圩、坪石圩到信丰县。八是瑞金—安远—定南、龙南、全南、南雄。由瑞金经安远县城向西南，经修田、凤凰圩、洲潭、砂头到定南县。由定南县城向西经留村、汶龙、东江到龙南县城。龙南县城向西南经河口、程龙、下井、天龙、陂头到全南县城。由信丰向西经赤岗、深坑、袁屋、火烧桥、黄坑、长甫桥、湖口、拱桥到广东南雄县。

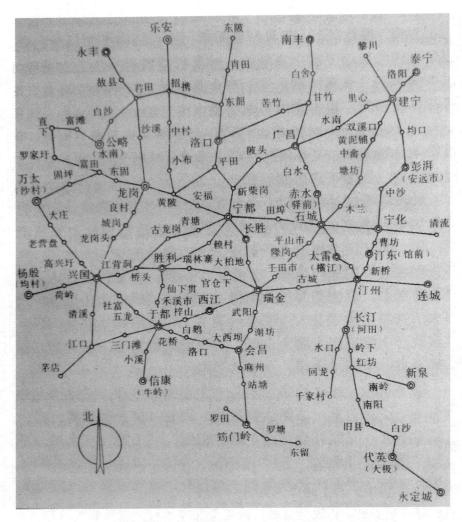

**图 3.1　中华苏维埃共和国的干路图依照中华苏维埃共和国
中央政府第 18 号训令**

　　中华苏维埃共和国成立以后，对交通建设非常重视，规划干路 22
条。① 1933 年 11 月，中央政府人民委员会发布第 18 号训令，指出：
"为了红军行动便利，为了运输的迅速，为了发展经济，疏通商业，为

---

　　①　陈立明等编：《中国苏区辞典》，江西人民出版社 1998 年版，第 142 页。

了群众往来方便，均必须修理桥梁道路。……因为道路与军事经济不可分离，与群众生活非常密切。因此，今年的修路运动，各级苏维埃必须提起最大的注意。现当冬季农事不甚紧张，更应该趁此时机，实行修路。"以上原中央苏区的交通线，利用最多、价值最大的有 5 条：长汀—瑞金；广昌—宁都—瑞金；高兴圩—兴国—瑞金；筠门岭—会昌—瑞金；赣县—于都—瑞金。这 5 条都是小路，运输全靠肩挑背扛，仅部分路段稍为平坦，其中赣县至瑞金尤为重要。苏区十几万红军、几百万人民群众的食盐、布匹、药品等物资，有 70% 是从赣州方面运进来的。

三　原中央苏区沟通粤、沪的秘密交通线

1929 年，毛泽东派卢肇西到上海和沿途各地共产党组织取得联系。1930 年，在周恩来的直接领导下，苏区"通讯社"建立并开辟了从上海经广东、香港、闽西、赣南苏区的秘密交通线。从上海到原中央苏区的交通线，开始时有 3 条：第一条由上海经香港、广州、韶关、赣州入瑞金；第二条由上海经香港、广州、梅县、会昌入瑞金；第三条由上海经香港、汕头、潮安、大埔、永定、长汀入瑞金。前两条交通线建立不久，即被破坏，秘密交通线主要沿用第三条。具体走法：从上海经香港，乘船到汕头，改乘火车到潮安，再乘船到大埔、多宝坑，然后步行进福建，经铁坑、桃坑、永定城、合溪圩、虎冈、龙岩大洋坝、上杭白沙、旧县、南阳、长汀涂坊、四都、茶坑，到达瑞金。

原中央苏区时期，作为战时的交通具有以下一些特征：一是军事和交通结合。做到交通军事化，交通紧密为军事服务。二是交通运输与经济贸易一体化。解决了苏区群众生产、生活的需要。三是发动群众与党的领导相结合。

第二节　农业的命脉——水利

原中央苏区所在范围水流体系主要由汀江、九龙江、赣江组成，水网体系如表 3.1 所示：

表 3.1　　　　　　　　　　原中央苏区所在范围水流体系

主干河流	支流
汀江	汀江、濯田河、桃澜河、旧县河、黄潭河、永定河、金丰溪
九龙江	九龙江北溪、雁石溪、万安溪、双洋溪、新桥溪、溪南溪
赣江	绵水、贡水、桃江、梅江、上犹江、章水、遂川江、泸水、禾水、恩江

资料来源：张侃、徐长春：《中央苏区财政经济史》，厦门大学出版社 1999 年版，第 16 页。

这些河流都发源于闽、赣交界的山区，其中赣江是长江八大支流之一，与抚、信、饶等构成鄱阳湖向心水系，是赣南与外界交往的主要航道。九龙江和汀江为闽西主要水运河道。"溯汀江而下可直扑潮汕，由武平可直进蕉岭、梅县而通兴宁、五华。由长汀古城可直攻江西瑞金、会昌而至赣州。由上杭、连城可直下闽南漳厦"。① 除此之外，寻乌、定南、安远的部分小河还与珠江水系的东江流域相沟通。

作为与广大人民群众生活息息相关的、公共事业的水利，毛泽东在苏维埃时期的农村调查中多次提到其重要性。在 1930 年 5 月的《寻乌调查》中提道："山林……用的是公禁公采制度。所谓'公禁'者，不但禁止买卖，而且绝对地禁止自由采伐。除非死了人，'倒条把子树，搭墓棚'，才得许可。为公共利益使用，如作陂，开圳，修桥梁，那是可以的。"②

1931 年颁布的《中华苏维埃共和国土地法》规定："一切水利、江河、湖泊……由苏维埃管理，以便利于贫下中农的公共使用。"1932 年中央工农民主政府颁布的《经济财政问题决策》中提出："苏维埃须鼓励群众去办理开通水圳、修筑堤岸的种种水利建设事业，……要宣传群众保护森林、栽植森林以调节气候，保持水气而利生产。"同时提出："发动群众修理河之单陂（水塘），开新的水塘。"为了推动水利工作，当时原中央苏区各机关、学校、部队还组织了"生产协助委员会，规定以每周

---

① 《赵新、胡天一关于汀州情况的报告》（1928 年 1 月），中央档案馆、福建省档案：《福建革命历史文件汇集（1928—1931）》。（内部稿），1985 年 7 月，第 3 页。

② 毛泽东：《寻乌调查》，载《毛泽东农村调查文集》，人民出版社 1982 年版，第 133—134 页。

不少于一天的时间帮助群众耕田、车水、修水利。"① 毛泽东在这一时期提出了"水利是农业的命脉"的名言，并与当地群众一起挖成了瑞金沙洲坝第一口水井。中央政府土地部于 1933 年 4 月发布的《夏耕运动大纲》中，强调提出："关于水利：水陂、水圳、水塘，不但要修理旧的，还要开筑新的。"各级土地部根据中央土地部的指示，都建立了水利局或水利委员会，负责水利工程的兴建维修。

在兴国，从另一个视角——地租的高低展示出水利对农业生产的关键所在。苏区时期，兴国的一乡（凌源里）、二乡（永丰圩）、四乡（猴迳）地租均是 50%，三乡（三坑）大部分是 60%。因为一、二、四乡是墩田，那一带的山都是走沙山，没有树木，山中沙子被水冲入河中，河高于田，一年高过一年，河堤一决便成水患，久不下雨又成旱灾。第三乡多是山田，田高于河，虽田亩很小，却雨不怕水，晴不怕旱。② 在 1933 年 11 月的《长冈乡调查》中，毛泽东列出的代表会议所议的四项重要事项是军事动员、经济动员、修整河堤道路与拥护区苏。在乡苏下委员会中，有 5 人组成的"建设委员会"一项，掌管"水利"与"桥梁"两项事务。并提出了具体的工作任务："决定限于 11 月 20 日至 30 日 10 天内，修好通江背洞之六里长的大路，修六尺宽。修好后再修他路，四尺宽。选举筹备员五人，于路修好后修那个一丈宽被水冲坏了的河堤。至于那座大桥，则与榔木乡合修。"③

被毛泽东誉为"创办了第一等的工作"的兴国县，1932 年冬利用农暇修筑了工程规模较大的陂圳、河堤 51 处。同年，原中央苏区的广昌县新安乡修建一条能够灌溉 1500 多亩田的水圳，当年粮食即增产 35%。1933 年，各级苏维埃政府土地部按中央土地部要求设立水利委员会。④ 另据 1934 年 5 月的统计："福建只长、宁、汀三县就修好陂圳 3366 座，而且新开了几十条陂圳。在粤赣全省，修好陂圳 4105 座，并且新建筑了 20 多座。江西无正确统计，只据兴国一县的报告，就修好

①　郭文韬、曹隆恭：《中国近代农业科技史》，中国农业科技出版社 1989 年版，第 320 页。
②　毛泽东：《兴国调查》，载《毛泽东农村调查文集》，人民出版社 1982 年版，第 201 页。
③　毛泽东：《长冈乡调查》，载《毛泽东农村调查文集》，人民出版社 1982 年版，第 290 页。
④　江西省地区志编纂委员会：《江西省苏区志》，方志出版社 2004 年版，第 241 页。

陂圳 820 座、水塘 184 口，水车、筒车，71 乘，计费人工 87489 天，能灌田 425951 担田。并新开陂圳 49 条，水塘 49 口，费人工 40642 天，能灌田 94676 担。"① 临时中央政府所在地瑞金县工作更为出色，据 1933 年九个区的统计，仅在 50 天中，"已经修好和筑好新旧陂圳 1404 处，新旧筒车 88 乘，水车 1009 乘，水塘 3379 个，其余还在进行中的不算在内。除了旧的不算外，新的水利建设中比较大的工程有武阳区的一个新塘，面积 13 担谷田，可灌 2000 多担谷田，只 3 天就开成了；九堡区一个新陂，可灌 1000 多担谷田，等等。水利的兴发，已经到了重要的程度，根据 9 个区的统计，田地总数 341745 担，灌得到水的有 319938 担，换句话说，94% 的田受得到水利的灌溉。"②

水利不仅是农业生产的命脉，也与广大苏区民众的日常生活息息相关。1933 年 4 月，毛泽东来到瑞金县的沙洲坝，发现这里地势高，距绵江很远，附近的塘水不卫生，到绵江去挑一担水要走好几里路，群众吃水用水非常困难。毛泽东便率领区乡干部和红军指战员，跋涉几十里去寻找水源，几乎踏遍了峨公圳的山头，终于勘定了章义坑、峨公坑、九节坑等几个水库坝址。毛泽东还同群众一起在村子附近选择井址，挖掘成了一口水井。这是沙洲坝的第一口水井，当地人民亲切地称它为"红井"。新中国成立后沙洲坝人民怀着无限感激的心情，在这口红井旁树立了一块木牌，上面写着：吃水不忘挖井人，时刻想念毛主席。

第三节　经济的支柱——钨矿

原中央苏区所在地江西赣南堪称"世界钨都"。土地革命战争时期，原中央苏区的钨矿产业产销两旺，成为红色政权的一大财政支柱和经济命脉。以铁山垅矿区为例：1931 年为 280 吨；1932 年增加了 100 多吨，为 409 吨；1933 年比 1931 年翻一番，为 612 吨；1934 年尽管秋天主力红军就已撤出苏区，其产量仍然达到 601 吨。上坪矿区 1932 年产量为 617 吨；1933 年高达 1988 吨；1934 年上升到 3324 吨。仁凤山

---

① 王观澜：《春耕运动总结与夏耕运动任务》，《红色中华》1934 年 5 月 28 日。
② 《斗争》1934 年 4 月 7 日。

矿区 1931 年刚恢复生产时，月产量只有几万斤。1932 年成立合作社后，月产量上升到 10 多万斤，矿工进行生产竞赛，最高月产量突破 20 万斤。从 1931 年 10 月至 1934 年 10 月，共出产钨 2000 多吨。①

1932 年年初，由财政人民委员会领导的中华钨矿公司在铁山垅大窝里成立，直属中央政府国民经济部领导，下设 4 个矿场：铁山垅矿场有员工 1500 余人；盘古山矿场有 500 多名工人，1931 年刚恢复生产时，钨砂产量在 100 吨左右，至 1933 年产量达 760 吨左右，工人增至 2000 人；上坪矿场，有工人 200 人；小垅矿场是由公司指派干部，抽调盘古山、铁山垅的 300 余名技术工人开发出来的，一天可捡钨砂 3000 多斤。1933 年盘古山、铁山垅、小垅 3 个矿场，年产量约 1800 吨，仅盘古山一矿 3 年内产值约 200 多万银元。② 在成立大会上宣布了三条规定：（一）中华钨矿公司直接领导铁山垅、仁凤山两个矿场的钨砂生产以及白鹅洗砂厂、渔翁埠转运站的工作，并创造条件逐步扩大钨矿生产的新基地；（二）总公司统一经销钨砂，固定钨砂价格，并负责生产资料的采购和供应；（三）生产有困难，政府给予无息贷款。中华钨矿公司成立后，着重抓铁山垅钨矿和白鹅洗砂厂两个国营企业。据不完全统计，历年中华钨矿公司的产量：1932 年为 648 吨；1933 年上升到 1800 吨；至 1934 年 11 月止，共生产钨砂 4193 吨。③

中华钨矿公司实行总经理负责制，胡功克、毛泽民、丘金山、谢日东相继出任公司的总经理。公司设立了财务科、总务科、组织科、供给部、护矿队、苦力运输工会和妇女委员会。组织科、供给部负责物资供应和产品购销工作，办公室设在畔田抒。供给部设采办、保管、会计三科，办理日常业务工作，其中会计科，专门分管后勤供给的会计业务。供给部除负责生产材料的供给外，还负责生活福利方面的供给和管理，如食堂用粮及食盐等生活必需品，也由供给部解决，护矿队（即特务队），有一个连，六十多条枪，一百多人，分别驻扎在铁山垅矿区和白鹅洗砂厂，负责矿山的安全保卫工作，看管劳改犯人，还要配合正规部

①　《盘古山钨矿志》，1990 年内部稿，第 73 页。
②　江西省地方志编纂委员会：《江西省苏区志》，方志出版社 2004 年版，第 246 页。
③　龙焕奇：《毛泽民办中华钨矿公司》，舒龙：《毛泽民》，军事科学出版社 1996 年版，第 77 页。

图 3.2　中华钨矿公司

队打游击，帮助农村发展农民武装。仁凤山护矿队，白天挖砂，晚上轮流执勤，保卫矿山生产。苦力运输工会有会员 600 余人，主要任务为组织工人夜校，提高群众觉悟，负责钨矿转运。

　　土地革命战争时期，国共两党和地方军阀围绕赣南钨矿的开采与经营，展开了一场错综复杂的较量。第一次世界大战爆发后，钨矿的稀缺性和军事战略价值日益凸显，各国政府争相收购、囤积，外部需求激增。江西赣南的石英脉型黑钨矿储量为世所独占，其矿点分布密集、数量众多，矿床规模宏大，堪称"世界钨都"。三次"围剿"失败后，蒋介石在加紧军事攻势的同时，对原中央苏区的经济封锁不断升级。早在九一八事变前后，蒋介石集团就准备输出稀有特产换取德国制造的精良装备扩充实力，并严格限制地方各派军阀插手经营钨铁等矿砂。因赣南钨砂多由广东出口，国民党曾派员前往广东"调查"，要求拟定"统一的外运办法"。第四次"围剿"挫败后，蒋介石进一步强化了赣南钨砂的统制专营手段，私商、民企被剥夺了开采、经营资格。香港市价每担钨砂 130 多元，广东官方收购定价仅 36 元，即便如此，苏区钨砂还是找不到销路。①

　　面对敌人的封锁，当时已被"左"倾势力排挤出中共决策层的毛

---

　　①　王卫斌：《苏区矿战：追忆红色摇篮经济战》，《国企党建》2012 年 3 月。

泽东据理力争，坚决纠正单纯军事主义错误倾向，提出"一要打仗，二要吃饭"，必须加强经济建设。在他的主导下，1933 年 4 月，苏区中央国民经济部和对外贸易总局相继成立，下设江西、福建 2 个省分局，15 个县分局，并在水陆要冲设立了 4 个直属分局、11 个采办处，着重沟通赤白区域间的物资交易，大力促进钨砂产销衔接。国家银行从发行的 300 万元经济建设公债中，拨出 100 万元作为外贸基金，毛泽民亲自出马，通过赣州地下党员和开明商人牵线搭桥，以每担钨砂 52 元的有利价位，跟广东军阀签订了钨砂交易秘密协定。

同时，临时中央政府也非常重视钨砂的生产："敌人连年的封锁，我们苏区纸、烟、木头、樟脑、钨砂各项主要生产，都表现低落状态。在一般的发展工业生产的任务中，我们应该特别注意钨砂与纸两项生产。……在帝国主义疯狂的准备战争的形势之下，他们很迫切地需要钨砂，因为钨砂是制造军用品的重要原料。现在南昌、九江以至广东的国民党的贩子们，为着抢夺向帝国主义出卖钨砂的利益，正在那里像野狗争肉似的乱咬。全世界一半以上的钨矿，是在我们苏区里面，我们应该用力发展钨矿生产，以其出口来打破敌人经济封锁。并且我们要用很大的力量，来保护这样重要的钨矿的生产。"① 钨砂的价钱，卖给粤军是 100 斤 52 块银元，卖给十九路军为 100 斤 50 块银元。从 1931 年至 1934 年 10 月，中华钨矿公司共生产钨砂 4193 吨，出口总值 430 多万元，换回了大量苏区急需的盐、布、药品等紧缺物资，有力地支援了革命战争。

土地革命战争时期，苏维埃政府通商惠工，善贾而沽，充分利用境内丰富的钨矿资源优势，从容解套开锁破危局。在毛泽民的卓越领导下，原中央苏区的钨矿产业异军突起、产销两旺，成为红色政权的一大经济支柱。1935 年 1 月，中华钨矿公司停办，留下的钨砂等物资，就地分散处理。红军北上后，矿工坚持游击斗争或陆续撤离，生产合作社也随之解散。

---

① 亮平：《经济建设的初步总结》，江西省档案馆、中共江西省委党校党史教研室：《中央革命根据地史料选编》（下），江西人民出版社 1982 年版，第 603—604 页。

第四节　普罗大众的启蒙——文化

民间文化是指在国家权力中心控制的边缘地区形成的文化空间，来自中国民间社会主体农民所固有的文化传统。它不仅有意回避政权意识形态的思维定式，也不同于知识分子精英所建构的以外来文化为参照系的新文化启蒙传统，它以能够比较本真地表达民间社会的生活状貌和下层人民的情绪世界为特征，是拥有民间文化传统的一种文化形态，其创作和接受的主体都是"底层农工大众"。

但是，战争年代、师资力量、群众接受能力、表演场地、革命斗争的现实需要等因素，都使普罗大众启蒙的设想与革命环境之间的现实存在一定的落差。如"曾经花费精力从事拼音文字改革的瞿秋白，迅速对自己的大众化理论作出实际调适，率先解决大众化本身的言语问题——在苏区工农大众的实际生活中，去寻找"共同的言语"，从而创造符合原中央苏区革命实际需要的工农大众化文艺。"[①] 当苏区政权将无产阶级意识灌输到苏区最广泛的群众之中去的时候，其实苏区的民间文化也在影响着苏维埃文化。并且在交融中逐渐苏维埃化，如苏区民间文化中很具有代表性的兴国山歌，苏区人民运用这类民间文化形式来歌唱苏维埃政权，歌唱红色军队和人民，歌唱革命的意义，最终使这类民间意识形态苏维埃化。

一　苏区的新闻出版业

新闻出版事业是文化事业的重要组成部分。1931年中华苏维埃共和国成立，在首府瑞金建立了包括中央出版局、中央革命军事委员会出版局、中央教育部编审委员会、红军学校出版科等在内的十几个新闻出版发行机构。先后创办出版的报纸杂志，据不完全统计共有130余种。

苏区三大报是《红色中华》、《青年实话》与《红星》。其中发行量最多、影响最大的是《红色中华》。1931年12月创办时为中华苏维埃

---

① 傅修海：《时代觅渡的丰富与痛苦——瞿秋白文艺思想研究》，中国社会科学出版社2011年版，第345页。

共和国临时中央政府机关报，1933 年 2 月起改为中共苏区中央局、苏维埃中央政府、全总执行局、少共中央局的联合机关报。报刊发行量最多时达 40000 余份。《青年实话》是少共中央局机关报，1933 年 4 月后改为少共中央机关报。1931 年 7 月 1 日创办于江西永丰县龙冈。是一份深受苏区军民尤其是苏区青年喜爱的刊物。它旗帜鲜明，图文并茂，有强烈的鼓动性和战斗性，而且富有青年特点，始终保持"文字作风的青年大众化。"① 发行量最多时达 28000 份。《红星》报是中国工农红军总政治部机关报。1931 年 12 月 11 日在瑞金县洋溪由中革军委总政治部（1932 年 1 月改称中国工农红军总政治部）创办。1933 年 8 月邓小平任主编。拥有一支 500 余人的通讯员队伍，1933 年仅在原中央苏区的发行量就达 17300 份。此外，还有发行量达 27000 份的、原中央苏区权威理论刊物《斗争》。

原中央苏区出版机构编印、出版发行的马列经典著作、政治理论书籍和各类军事、文化、科技书籍，总计 350 余种。② 其中，出版的马列经典著作，主要有《共产党宣言》、《国家与革命》、《三个国际》、《两个策略》、《"左"派幼稚病》、《无产阶级革命与叛徒考茨甚》、《列宁主义概论》等数十种；还有《马克思传略》、《列宁传略》、《列宁故事》、《第一国际到第三国际》、《马克思主义浅说》等政治理论书籍近百种。

二　苏区的戏剧

1931 年 11 月，一些有较高艺术素养的戏剧人才，如李伯钊、钱壮飞、胡底等，先后从上海等地来到瑞金。创作了《最后的晚餐》、《黑奴呼天录》等作品，演出了现代革命戏剧《活捉张辉瓒》，成立了原中央苏区第一个戏剧团体——八一剧团，自编现代歌剧《为谁牺牲》等节目。1934 年的《红色中华》报上连载了中央苏维埃剧团下乡巡回演出的场面：

> 1934 年春，我们中央苏维埃剧团出发巡回表演，经过梅坑、

① 《青年实话》发刊词，1931 年 7 月 1 日。
② 余伯流、凌步机：《中央苏区史》，江西人民出版社 2001 年版，第 825 页。

西江、洛江、庄埠、朱蓝埠、会昌、踏冈、武阳等地。……每当剧团公演时总是挤得水泄不通。老的，小的，男的，女的，晚上打着火把，小的替老的搬着凳子，成群结队地来看，最远的有路隔15里或20里的。他们嫌我们不热闹，同时又怕迟到看不全，建议我们公演前敲锣鼓，又说："白天也要演才好。"我们完全接受他们的要求，每逢集市，白天也演了。到时在田野的小道上，一队一队的妇女们，有的穿了较新的衣服，有的着了大花鞋，有的抱着孩子，小女孩辫子上扎着鲜红头绳，年老的挂着拐杖，喧喧嚷嚷："喂！大家去看中央来的文明大戏，蛮好看咯！"……他们看到表演《惰二嫂不努力耕田》《小脚妇女积极参加生产》《富农婆压迫和毒打童养媳》《不识字的害处》《奸商富农破坏苏维埃经济》以及揭破反革命欺骗群众反水的《上了他们的当》等剧和活报时，非常感动，显露出憎恶、喜欢、愤怒、痛恨等各种不同表情。戏演完了，他们常常会"还要！""还要！"地叫起来，我们又添新的表演来满足他们的要求。①

以戏剧为主体的苏区文化事业，产生于特殊的年代，有着自己的一些独特之处："由都市走向内地，首先没有了卡尔登大剧院或国民大会场那样的剧场和舞台，乡村庙会的舞台……也就是没有了种种基本设置，煤油灯、蜡烛灯代替了现代化的照明工具，幕布重被广泛运用着，风、雨、太阳成了戏剧的对头。观众不再是城市里衣冠楚楚的知识分子和小市民阶层了，而小城市里的商人、农民、工人和士兵，文化水准相对低得多，却有一种热情，他们过去从舞台上面所接触的尽是前朝往代的历史和传说中的人物和故事，如今却看见了现代的中国人、残暴的敌寇、狡猾的汉奸、自己的同伴，乃至他们自己。因为客观环境不同，演出的戏就要求装置简单，人物与故事贴近现实、对白通俗，演技有一定程度的夸张。过去在都市里的那一套，如果说一点不变搬了进来，结果是弄巧成拙，观众也莫名其妙。""这就是从现代大都市的'剧场'走向街头、村镇，以至于'广场'，即从'剧场戏剧'走向'广场戏

---

① 《红色中华》1934 年 4 月 26 日。

剧'，这不仅是演出舞台的变化，而且意味着戏剧观念、艺术表现、写作方式、演出形式……一系列的变化。"①

三　苏区的音乐、美术、舞蹈及其他文学艺术

苏区的音乐，大致可分为革命歌曲和民歌两大类。苏区的民歌，是原中央苏区音乐的重要组成部分。它包括两大类：一是当地客家山歌，一是当地民间流行的曲调，填上革命歌词的民歌。原中央苏区所在的赣南、闽西，是客家人之乡。客家人爱唱山歌，所以原中央苏区便成了山歌之乡。其中曲调优美、悠扬的兴国山歌（如《十送红军》、《苏区干部好作风》），最受欢迎。

原中央苏区的美术，以宣传画、漫画为主。1932 年的《红星画报》、1933 年的《互济画报》、《革命画集》等，苏区军民无不争相传看，爱不释手。1933 年 12 月，工农美术社在瑞金县城天后宫成立，有美术专业人员 10 余人。②

苏区舞蹈是原中央苏区的一种新型表演艺术。大多是歌舞结合、边舞边唱。具有自己鲜明的民族特色和时代气息，有着很强的思想性、战斗性和艺术欣赏性，在支援红军战争、巩固和保卫苏维埃政权、活跃苏区军民文化生活方面，发挥了不可替代的作用。

此外，原中央苏区的图书馆、博物馆和基层文化组织的俱乐部，也是原中央苏区文化的重要组成部分。

第五节　理想信念的内化——教育

革命洪流的形成，有赖于党农利益共同体的形成，而苏区民众理想信念的内化是利益共同体形成的精神基础。教育的普及与对以革命理想与信仰为核心的政治教育的重视，民众逐步对共产党的认同与接受，这有利于共同体的形成。"大力发展教育以提高民众的文化知识水平与思想觉悟，是原中央苏区时期中国共产党及苏维埃政府的重要任务与奋斗

---

① 钱理群等：《中国现代文学三十年》，北京大学出版社 1998 年版，第 618 页。
② 余伯流、凌步机：《中央苏区史》，江西人民出版社 2001 年版，第 841 页。

目标之一。其结果，不仅为苏区革命与建设培养了大批的人才，且在全社会形成了一种崇高的理想、信仰与革命道德情操。"①

一　干部教育

教育作为理想信念内化的核心渠道是其思想政治教育部分。苏区教育体制中干部教育先于群众教育和儿童教育。1933 年苏区马克思主义研究总会在瑞金成立后，统一规划和指导干部理论学习。中央机关各部门都成立马克思主义研究分会，制定每周学习制度，组织干部在自学基础上听报告、展开讨论，学习马克思主义基础理论和中国革命的基本问题。对党政军干部的思想政治教育，主要依托训练班和相关学校的教育中来具体实行。苏区时期的干部思想政治教育主要分为以下几个层面。

短训班。1928 年，中共湘赣边界特委在宁冈县茨坪和象山庵举办党、团训练班，培训基层革命骨干。赣西南、赣东北、湘鄂赣等苏区开创之初，亦举办各类短训班培训干部。有分系统办的土地训练班、裁判训练班、工人干部短训班、妇女干部短训班等；有分省、县、区级举办的短训班。每期一般为 3—4 周，课程有政治常识、党的建设、苏维埃建设等。

干部学校。1930 年上半年，赣南革命委员会在于都县创办工农学校。下半年，赣东北苏区在妇女干部训练班基础上开办三八女子学校（卢森堡训练团），学制 4 个月；1931 年 8 月创办共产主义学校（党校），选调县委和省委各部委、区委书记和区苏维埃政府主席以上干部来校学习。各类干部学校的学员，都是在实际斗争中立场坚定、表现突出，有一定斗争历史和工作能力，身体健康，有一定文化基础的青年，由单位保送入学，结业后根据需要分配工作，对口使用。

马克思共产主义学校。原中共苏区中央局与全总执行局联合创办的苏维埃党校。1933 年 3 月 13 日（马克思逝世 50 周年纪念日）在瑞金洋溪正式开学。校长任弼时，副校长董必武。学校分设高级班和初级班。高级班培训各省省委、省苏及省工会选送的高级干部，学制半年。

---

① 张玉龙、何友良：《中央苏区政权形态与苏区社会变迁》，中国社会科学出版社 2009 年版，第 221 页。

初级班分新苏区工作人员训练班和党团干部训练班，各学 2 个月和 4 个月。学校采取理论与实际相结合，自修为主与重点讲解相结合的方针，许多中央领导同志亲自担任高级班重要课程。①

苏维埃大学。在各人民委员会开办的干部训练班基础上于 1933 年 9 月创办。毛泽东兼校长。凡年满 16 岁以上，有半年以上斗争历史，工作表现突出者，经地方苏维埃政府推荐，均可入学。学校设特别班（本科）和普通班（专科）。特别班分土地、国民经济、财政、工农检察、教育、内务、劳动、司法、外交、粮食等专业班，学制半年；普通班时间不定，主要是对文化低的学员进行补习。学校的课程，包括苏维埃工作的理论、实际问题和实习三项。在校长和学校管理委员会监督下，学校成立"学生公社"，管理学生日常生活。全体师生加入赤卫军，开展军事训练。1934 年 4 月，为纪念沈泽民烈士，该校更名为沈泽民苏维埃大学。7 月，经中央人民委员会决定，与党校合并。

此外，思想政治教育倾向较为明显的还有中央教育干部学校、中央列宁团校、各省级干部学校（如湘赣省委党校、湘鄂赣省委党校、江西省苏维埃干部学校）及各省的团校、妇女干部学校等。

二　民众教育

虽然处在战争的环境之中，且物力与财力极其有限，但中国共产党及苏维埃政府从土地革命开始，就一直将发展民众教育放在十分重要的位置。如 1930 年 3 月召开的闽西苏维埃代表大会通过的宣言就宣布：苏维埃政府"实行免费的义务教育，编制教材，开办报馆及各科训练班，举办识字运动，以提高群众文化程度"，并在大会通过的《文化问题决议案》中，提出发展闽西教育的 22 条措施。苏维埃中央政府成立后，进一步加大了对教育的重视力度。1934 年 1 月，"一苏大"通过的《中华苏维埃共和国宪法大纲》第 12 条中明确规定："中国苏维埃政权以保证工农劳苦群众受教育的权利为目的。在进行国内革命战争所能做到的范围内，应开始施行完全免费的普及教育，首先应在青年劳动群众中施行并保障青年劳动群众的一切权利，积极地引导他们参加政治和文

---

① 《江西省苏区志》，方志出版社 2004 年版，第 290 页。

化的革命生活，以发展新的社会力量。"① 由于高度重视，建立与健全教育行政领导机构、加强教育立法以及投入相当的人力物力，以"二苏大"的召开为转折点，原中央苏区教育事业有了很大的发展，达到了较高的水平。截止到 1934 年，在原中央苏区的江西、福建、粤赣、瑞金等地，据不完全统计，"我们有了 3199 个列宁小学，学生约达 10 万。4512 个补习学校，学生约 8 万 8 千人。23286 个识字组，识字的组员只在江西一省约达 12 万人。1917 个俱乐部，参加这些俱乐部文化生活的固定的会员，就有 9 万 3 千余人。"②

1932 年秋，原中央苏区的面积为 7 万平方公里，人口约 240 万，③按此推算，平均 1 万平方公里就拥有各类成人学校 5 所，平均约 7 万人拥有学校 1 所。如此高的密度，至少可以反映出原中央苏区教育发展的空前盛况，而这在当时的中国是绝无仅有的。原中央苏区的儿童教育，无论是学校数和在校人数都增长迅速。据"二苏大"报告中的统计，江西、福建、粤赣三省的 2932 个乡中，有列宁小学 3052 所，平均每个乡超过 1 所。苏区中许多地方的学龄儿童多数进了列宁小学。兴国县 20969 名学龄儿童中，进入列宁小学的即达 12806 人，入学与失学的比例为 3∶2，而在同时期的国民党统治区，入学儿童不到 10%。闽西苏区基本实现了区区有高级小学，乡乡有初级小学。④ 苏区儿童教育的发展与中国共产党及苏区各级政府的高度重视、相关政策的制定和完善有关。

社会教育是原中央苏区开展最为普遍的教育活动。在中国共产党及苏区各级政府的高度重视、有组织推动下，社会教育发展迅速。就组织形式而言，当时社会教育的组织形式可归结为两类：一是以消灭文盲，提高识字水平而开设的半日学校、夜校、业余补习学校、识字班（组）、识字牌等；二是以丰富群众业余文化生活，改善群众精神面貌，提高群众政治觉悟和思想认识为目的而创设的墙报、戏剧、报刊和俱乐

---

① 《中华苏维埃共和国宪法大纲》（1934 年 1 月），《江西社会科学》编辑部：《中华苏维埃共和国中央政府文件选编》（内部稿），1981 年 9 月，第 124 页。

② 《红色中华》1934 年 1 月 26 日。

③ 余伯流、凌步机：《中央苏区史》，江西人民出版社 2001 年版，第 368 页。

④ 董源来等：《中央苏区教育简论》，江西高校出版社 1999 年版，第 186 页。

部等。

第六节　公共服务能力建设

一　战争年代的资源汲取与配置——原中央苏区的财税制度

财税是国家为了行使、实现自己的职能而参加社会产品的分配和再分配过程以及由此而发生的国家与各方面的关系。从这样的财税定义可以看出财税在社会经济发展过程中，与国家是密不可分的，是国家参与社会经济活动的重要手段，一方面国家通过财政的收支和调控功能来干涉经济活动，另一方面国家的存在必须以财政的支持为条件，只有劳动者通过财政渠道为国家提供剩余产品，才能使国家实现它的一切统治功能。也正因为如此，财政手段实质上就是国家手段的一个重要组成部分，苏区年代的财税制度有着国家所特有的强烈的时代特色与阶级属性。

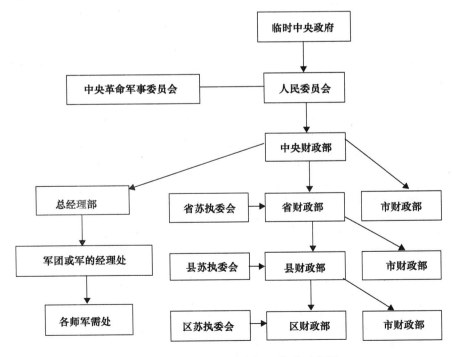

图 3.3　原中央苏区财政组织体系示意图

（一）原中央苏区的财政制度

原中央苏区的财政制度大致包括收入统一制度、预决算制度、国库制度、会计制度、审计制度、财政交代制度与票据制度等等。关于收入统一制度，1931年12月，在《中华苏维埃共和国暂行财政条例》第一条中明文规定："必须接到中央财政部关于收税的时间与手续等的通令，才能征收。"① 预决算制度则遵循量入为出的原则。预算报表的编制过程为："预算首先要总计全国收入数目，收入总数必须打过折扣，以防天灾人祸不能全部收入时之准备，其次必须将整个收入中提出一部分，作为特别准备费，以备紧急时的需要。其余如：军费，建设费，行政费，教育费，交通行政费……均规定百分数，……中央政府以至乡政府的经费或补助费亦须订出一个百分比。"② 国库制度是国库掌管国家一切款项的收入、保管与支出业务。1932年10月22日，临时中央政府颁布了《国库暂行条例》，次年1月1日开始统一在苏区推行。关于会计制度，苏区时期把每年的7月1日至第二年的6月30日规定为会计年度，会计处根据各机关的报告，每日并按月编制报告表，送呈部长审核。③ 审计制度的建立，加强了对财政的收支进行核算与监督，提高财政廉明。

（二）原中央苏区的税收

1. 剥夺剥削者——打土豪。打土豪是苏区财政经济工作中的一项重要任务，它不仅是财政收入的重要来源之一，而且政治、社会意义相当重大。井冈山时期，打仗、做群众工作与筹款就成为红军三大任务之一。苏区时期则指出，军阀、地主、官僚等人的财产"都是剥削工农血汗而来的"。1932年11月，颁布的《筹款办法》则认为，"苏维埃政府除了税收之处，打土豪筹款在目前还是很大的出路。"④

---

① 赣州市财政局、瑞金市财政局编：《中华苏维埃共和国中央政府文件选编》，第34页。

② 德峰：《对于财政统一的贡献》，《红色中华》1932年3月16日。

③ 《中央财政人民委员部会计规则》，江西省税务局等编：《中央革命根据地工商税收史料选编》，福建人民出版社1985年版，第153页。

④ 中央财政人民委员部：《筹款办法》（1932年11月），赵增延、赵刚：《中国革命根据地经济大事记1927—1937》，中国社会科学出版社1988年版，第79页。

表 3.2　　　**1933 年年初原中央苏区的核心县域制订的三个月内向**
土豪的筹款计划

县名	没收土豪应筹数（元）	在押土豪应筹数（元）
博生	50000	10000
胜利	18000	
兴国	3000（本月内）	4000（本月内）
南广	2000	4200
永丰	7500	4000
公略	9200（两个月内）	4000
赣县		9000
于都	20000	
信康	12000	
寻乌	6000	
会昌	18000	
黎川	15000	
建宁	15000	
泰宁	15000	

资料来源：《江西省苏维埃政府财政部三个月财政经济计划》（1933 年 1 月 29 日），载赣州市财政局、瑞金市财政局：《中华苏维埃共和国财政史料选编》，内部稿，2001 年版，第282—285 页。

2. 体现阶级原则的农业税。原中央苏区时期实行单一的粮食税，贯彻等级累进原则。同时，为减轻工农群众的负担，对遇水旱灾害或遭敌人摧残的地区实行免税，对入不敷出的农民实行免税，对红军及其家属实行免税，对政府工作人员及其父母、妻子减半税。

3. 活跃经济与保障群众生活的商业税。苏区的商业税基本可分为营业税和关税两类。1931 年 11 月，临时中央政府制定的《中华苏维埃共和国暂行税则》规定，营业税率按资本从 200 元至 13 万元分 13 个等级累进征收。并规定一些免税措施：依法成立的消费合作社，可由县政府报告省政府免税；肩挑小贩及农民直接出售其剩余产品免税；商人如遇意外，经核实可免税，等等。[①] 苏维埃的关税制度是："以按照苏区的需要程度统制货物的进出口为目的。"[②] 体现了人民群众的利益与要求。

（三）公债与其他收入

发行公债是原中央苏区筹集革命战争经费和经济建设经费的一种形式，原中央苏区先后发行过两期"革命战争短期公债"和一期"经济建设公债"。

表 3.3　　　　　　　　　　　原中央苏区时期的公债

公债名称	发行时间	数额（万元）	利息	还本付息期	面额	用途
第一期革命战争公债	1932 年 7 月	60	年息 1 分	1933 年 1 月起	5 角、1 元、5 元	军费
	1932 年 11 月	120	年息 1 分	1933 年 6 月起	5 角、1 元、5 元	军费
经济建设公债	1933 年 11 月	300	年息 5 厘	1934 年 10 月起分 7 年还息，1936 年 10 月起分 5 年还本	5 角、1 元、3 元、5 元	2/3 用于军费，1/3 用于对外贸易

资料来源：张侃、徐长春：《中央苏区财政经济史》，厦门大学出版社 1999 年版，第 295 页。

原中央苏区时期，临时中央政府的其他收入主要包括两个方面：一是公营工商业的收入；二是群众借谷和捐献等战时的非正常收入。从

---

① 财政部农业财务司：《新中国农业税史料丛编第一册第一、二次国内革命战争时期革命根据地的农业税政策法规》，中国财政经济出版社 1987 年版，第 110 页。

② 北京经济学院财政教研室：《中国近代税制概述（1840—1949）》，首都经济贸易大学出版社 1988 年版，第 181 页。

1933 年开始到 1934 年 3 月止，原中央苏区建立一批公营工商业，其中包括对外贸易局、粮食调剂局、中华商业公司以及一批工厂，公营工商业作为国家投资的产业，它所生产的产品和获利就直接成为财政收入的一部分。而随着国共两党"围剿"与反"围剿"战争的拉锯与红军的迅速扩大，苏区的财政出现困难而不得不采取一些非常手段以获得财政收入。因此，群众的借谷与捐献，都成为国家财政收入的一部分。临时政府先后三次大规模地向人民群众借谷，1933 年春借谷 20 万担，1934 年夏又向群众借谷 10 万担，7 月再次借谷 60 万担。[①]

二　苏维埃政府执行力的彰显——原中央苏区的民众动员

这是一个特殊区域社会的特殊年代，在这里，中国共产党的执行力甚为强势，革命意念以强有力的驱动力推动着农民的日常行为。在苏区，筹款、借粮、发行公债、扩红、肃反等每一个时期的中心任务构成了农民行为的导向与主题。为了更好地表现自己，农民争先恐后地响应号召，在很多时候，农民的行为如此积极，以至于超出了政策制定者们的想象。苏区的群众，尤其是农民，对政府的号召非常支持，表现了高度的革命精神。

公略县陂头区平原乡苏维埃政府主席刘元群、副主席曾本江等许多农民，听说国民党要发动第四次"围剿"，政府经济很困难，纷纷给苏维埃共和国中央政府主席写信，要求增加土地累进税，以保障红军给养的需要。[②]

福建省龙岩县的群众，缴纳农业税，不拿公债而拿现洋（政府规定可以用公债券抵交）；有些地方不满 2 石谷田的贫苦农民，纷纷要求政府照例缴税（原来照农业税则要每人 2 石起码才开始征税，2 石以下的不收），县政府以违背农业税法不肯征收，他们还很坚决地要求交纳。[③] 1932 年 10 月 20 日至 12 月 20 日，于都县苏维埃政府实收土地税 77122

①　《红色中华》1934 年 7 月 26 日。
②　《红色中华》1932 年 7 月 28 日。
③　《红色中华》1932 年 9 月 6 日。

元，其中解送中央苏维埃政府 76422 元。① 政府与民众的紧密度空前加强，有力地驱使着老百姓的日常行为：1933 年 8 月苏区发行经济建设公债，于都县一户农民叫刘惠贵，收获 31 担谷子，除留下全家 4 人全年口粮外，其余全部拿来买了公债。② 在扩红方面，既有勇敢坚决当红军而与老婆离婚的，也有八弟兄一齐报名当红军的。③ 在阶级决战的环境下，六十老翁也自愿当红军。④ 在这里，经过苏区干部的艰苦工作，农民打破了"好铁不打钉，好男不当兵"的旧观念，不少年轻人参了军。而且，散漫的农民变得有组织有纪律了。

　　在这里，自私的农民以国家为重。为了解决红军战士后顾之忧，保证红军踊跃上前线及巩固在前线上的战斗决心，苏区实行红军公田代耕制度。兴国县 1932 年统计，全县有耕田大队 233 个，耕田小队 1528 个，优待的人工达 302423 个，一般都做到了先耕红属的田，后耕自己的田，全县没有红属荒田现象，而且做到了三犁三耙。⑤ 据当时苏区文件记载，兴国县 1932 年总人口是 230626 人，⑥ 平均摊到每个人的身上是 1.31 个工。1933 年 8 月，发行建设公债 300 万元，于都完成 30 万元，胜利县完成 31 万元。群众认购公债很踊跃，胜利县小庄群众一个晚上认购公债 1200 元，张春牟领得抚恤金 30 元、张里君卖水牛的钱，都全部用于认购公债。⑦ 博生县工农群众要求向政府再借谷三万担，瑞金县全体工作人员要求缴纳土地税。⑧ 中革军委印刷所工作人员为响应号召则要求中央政府批准免发工资。⑨

　　总的来说，乡村社会通过一批积极分子组成的群众组织，逐渐把村

---

① 《于都县志》，新华出版社 1991 年版，第 400 页。

② 中共赣州地委党史工作办公室编：《红土魂》（赣南党史资料第 13 辑），1990 年 10 月，第 198 页。

③ 《红色中华》1934 年 5 月 30 日。

④ 《红色中华》1933 年 10 月 27 日。

⑤ 肖正冈：《兴国长冈乡优待红军家属的优点》，《红色中华》1934 年 5 月 16 日。

⑥ 《江西苏区中共省委工作总结报告（一、二、三、四月总报告）》（1932 年 5 月），《中央革命根据地史料选编》（上），江西人民出版社 1982 年版，第 454 页。

⑦ 《于都县志》，新华出版社 1991 年版，第 422 页。

⑧ 《红色中华》1934 年 5 月 30 日。

⑨ 《红色中华》1934 年 3 月 22 日。

民从宗族、血缘和地缘等共同体中统制出来，这是一个以苏维埃的"国"和无产阶级的利益为效忠对象的形成过程。当广大苏区民众在公共事业、公共场合极力表现出极大的积极、热情与集体感，政治觉悟程度较高之时，也就是中共政府执行力非常强劲的表现。

三 民生之本——原中央苏区的社会保障

为治国安民，巩固政权，苏区政府制定了不少社会保障方面政策和法规，采取了许多实际步骤和措施。

首先，颁布了优待抚恤法规。为了使优抚工作走上规范化的轨道，原中央苏区制定了一系列政策法规，其中最主要的是《中国工农红军优待条例》和《红军抚恤条例》。1931 年 11 月颁布的《中国工农红军优待条例》的主要内容包括：对红军战士及家属分给房屋、土地、包种代耕，给红军战士及其家属提供义务劳动；免纳苏维埃共和国一切捐税，免纳房屋租金；商品缺乏时有优先购买权，红军子弟读书免交学费；红军休养和退职、退休，安置残废军人；抚恤牺牲的红军战士家属，褒扬革命烈士；保护军人婚姻，等等。

其次，采取了许多具体的保障措施。在优待方面，原中央苏区许多地方采取了如下措施：（1）成立组织。县、区、乡、村四级设立了优待红军家属委员会，委员会下设耕田队、杂务队、检查队，经常开展优待烈军属的活动。（2）建立谷仓。为了防止灾荒，解决一部分红军家属的口粮问题，苏维埃政府建立了谷仓。（3）减免税收。在原中央苏区，红军家属还享有免纳政府一切捐税的优待。星期六义务劳动，帮助红军家属解决生活和生产中的实际困难。

此外，确立了社会保险制度。1931 年 11 月 7～20 日，在江西瑞金召开的第一次中华苏维埃共和国工农兵代表大会上，通过了中华苏维埃共和国《劳动法》。《劳动法》于 1931 年 12 月 1 日正式颁布，从 1932 年 1 月 1 日起正式生效。这部《劳动法》有一系列关于社会保险的内容，共 75 条。其中第 70 条规定："（一）免费的医疗补助；（二）暂时丧失劳动能力者付给津贴（如疾病、受伤、受隔离、怀孕及生产及服侍家中病人等）；（三）失业时付给失业津贴；（四）残废及衰老时，付给抚恤金；（五）生产、死亡、失踪时，付给其家属的补助金。"①

综上所述，原中央苏区从创建到丧失只有短短的 4 年时间。由于当时严酷的战争环境和低下的生产力水平，因而其社会保障只能是低水平、低层次的，甚至可以说它还不是现代意义的社会保障。但是，它是中国共产党自主领导社会保障事业的开始，也是我国社会保障体系的雏形。它是我国社会保障史上的可贵探索。当时的社会保障理论和实践的许多方面，不仅具有历史意义而且有着现实价值，值得吸取和借鉴。

原中央苏区的基础设施与公共服务能力建设有着特定的历史背景与很强的时代烙印。一是中华苏维埃共和国的成立与原中央苏区范围的拓展，为中国共产党的基础设施与公共服务能力建设提供了较为坚实的社会政治基础。二是残酷战争环境与生存导向下的现实需求。作为国共两党主要角逐场的江西苏维埃区域，中共党人的生存，军心、民心的安定，区域历史文化的考量等等，这些都是革命者应该认真对待的因素。基础设施与公共服务能力建设，也势必成为中国共产党赢得民心、巩固政权的迫切需要。三是现实性与超越性并存与交织。无论是从公共服务能力概念中"满足公共服务客体的公共服务需求而具备的技能、技术和技巧"，还是中共政权建设的需要来说，"现实性"都是其核心内容，但从一方面来说，作为一个革命型、动员型的政党，包括理想、信仰、情操等等在内的"超越性"，又是其不可或缺的内涵。原中央苏区时期是中国共产党治国安邦的总演习，作为一个提供公共服务能力、满足客体需求的实体政府，原中央苏区的基础设施与公共服务能力虽然具有一定的区域性、时效性与局限性，但是，中共党人"坚定信念、求真务实、一心为民、清正廉洁、艰苦奋斗、争创一流、无私奉献"执政理念与脚踏实地、实事求是的实干精神，对我们今天的社会建设与管理具有较强的借鉴意义。

---

① 《中华苏维埃共和国劳动法》，载林卫星主编：《闽西苏区法制史料汇编》（内部稿），2008 年版，第 129 页。

第 四 章

我国基础设施建设的模式研究

基础设施建设是系统工程，其中包括：决策规划、投资主体选择、投资融资、基础设施管理、基础设施监管、基础设施绩效评定等若干个子系统构成的开环系统体系，具有持续、动态特点。一般认为基础设施建设完善是经济增长的重要源泉之一，对国民经济的总量和结构平衡、增加就业机会、保持国际收支平衡、协调区域发展发挥重要影响。对此《世界银行发展报告》做出了权威判断[①]：即基础设施的完善程度与经济增长呈正相关；同时，基础设施的完善与经济增长以及民众满意度之间存在量化的可测量的指标。当资金供给不足、法律保障和政策支持不够，相关的公共服务还不能满足广大民众的要求时，会一定程度上制约了地方经济的发展和社会文化建设。由此，基于基础设施建设的复杂性，本章所指基础设施建设主要集中在投融资领域。

模式是用来描述环境中不断出现的问题，然后指引该问题解决方案的核心方法，因而，是一种认识论意义上的确定思维方式，是人们在生产生活实践中经过积累的经验抽象和升华。简单地说，就是从不断重复出现的事件中发现和抽象出规律，是解决问题形成经验的高度归纳总结。模式的固化性于是跟基础设施建设的持续、动态性相悖。文中基础设施建设模式只是为研究的方便，尤其是对基础设施投融相来说有一定规律呈现，由此采用基础设施建设模式视角。

---

① 程漱兰：《世界银行发展报告 20 年回顾（1978—1997）》，中国经济出版社 1999 年版。

第一节　国外基础设施建设主要模式比较

基础设施是指物质性基础设施，即生产性和非生产性的基础设施，生产性的：交通设施、通信设施、能源设施、水利设施等；非生产性的：教育科研、文化、卫生、环境等。它是市场主体生产经营、工作和生活共同的物质基础，是城乡主体设施正常运行的保证，既是物质生产的重要条件也是劳动力再生产的重要条件。因而，基础设施具有非排他性、非竞争性公共产品的典型特征。由于基础设施的公共产品属性，政府应该是基础设施建设的发起者、投资者、监管者，政府是基础设施建设的核心主体。从经济学视角来看，国外学者往往把基础设施建设纳入到公共物品供给、需求维度进行研究，对此有较为成熟的理论体系和学科，如财政学，公共经济学、公共选择理论等。

基于本文基础设施建设模式中的投融资关注，同时也因是在过去几十年，日本、欧美国等西方国家开辟了利用社会资本来加快基础设施建设，取得了一些成功的经验。总结国外基础设施建设筹资经验及筹资理论具有借鉴意义。

一　韩日、欧美发达国家基础设施建设经验

（一）日韩模式

日韩同属儒家文化圈，政治上崇尚大统一思想。表现在基础设施建设上强调政府的主导性。但是，多年来日韩在基础设施建设上逐渐追求满足自身发展相匹配的多元化且各具特色建设模式。

1. 日本模式[①]

战后日本几乎对所有城乡基础设施需要全部重建。经过几十年的基础设施建设，基础设施完善程度和城市化水平居于世界前列。基础设施的发展，不但改善了人们的生活条件，也刺激了经济的增长，使日本成为经济强国。

---

① 周运祥、曹国华、杨肖：《中外基础设施建设融资模式比研究》，《水利水电快报》2005 年第 9 期，第 26—30 页。

日本政府转变了基础设施建设与经营理念，逐步改变政府在基础设施建设领域的投资者身份，采取了政府主导下的市场化融资方式和国有项目民营化的管理模式，并充分发挥业已成熟的资本市场的作用。

（1）合理的政策引导

为保证基础设施建设向市场化发展，规范基础设施建设投融资行为。日本政府从20世纪80年代开始先后制定了《关于活用民间事业者的能力来促进特定设施建设的临时措施法》，《关于推进民间都市开发的特别措施法》，《地域综合整备资金贷款法》，尤其是1999年，制定了（PFI推进法），推动了在基础设施建设领域中BOT（建设—运营—移交）、BOO（建设—拥有—运营）、TOT（移交—运营—移交）等项目融资模式的应用。

（2）拓展多元化的融资渠道

日本政府在基础设施市场化融资的进程中大力开拓各种筹资渠道，积极引进社会资本进行投资，实现多元化的筹资渠道。主要通过（1）债务资金。政府发行地方政府债券和发行长期金融债券。将长期金融债券转让，或将金融债券向日本银行抵押申请贷款；（2）非债务型资金。非债务型资金是基础设施建设发起人分散风险的有效途径。为此，日本政府对一些大型项目，采取合资的方式组建股份公司，通过股份公司发行股票和债券达到吸收社会资本的目的；同时，日本政府对一些国营企业实行民营化，取消了政府垄断，并把向私人出售股份所得的收入投资于公路、桥梁等设施。

2. 韩国模式①②

韩国基础设施建设采用的是政府开发方式，即政府征收私有土地，进行各种公共设施的建设。同时韩国政府也秉承，虽然国家在基础设施建设中居于主导地位，但仍应探索基础设施建设的市场化融资新路。在实践中，韩国政府采取的方式主要有：

---

① 邵丹、蒋晗芬：《政府主导下的农村交通基础设施模式及其借鉴——韩国新农村运动道路交通建设考察》，《上海城市规划》2007年第3期。

② 张旺、周李军、邵天一：《韩国"新农村运动"的做法及经验》，《水利发展研究》2006年第4期。

（1）鼓励社会资本进入基础设施建设领域

为鼓励社会资本进入基础设施建设领域，对此韩国政府制定了相关法律、法规。符合条件的企业，经过政府主管部门审查批准，即可从事基础设施投资项目。其中公路、铁路、港口、空港、通信设施等 10 种规模较大、公共性较强的"第一种基础设施"竣工后其所有权属于国家，但在投资回收之前，投资者拥有经营管理权。而煤气、仓库、汽车站等 18 种规模相对较小、公共性较弱的服务性设施，投资者既拥有经营权，又拥有所有权。放宽贷款限制，准许使用商业贷款，减免多种税收，提供信用担保基金，对建设征地给予支持。

（2）强化财政扶持力度

韩国的中央银行负责向外国统借外债，再通过开发银行和商业银行将资金转贷给国内企业。这些银行将国外借款与国内吸收的存款根据国家确定的产业政策，按低利率（7% ~ 8%）贷给基础设施企业·利差部分由财政向银行贴息，以此来激发建设基础设施企业的积极性。

允许银行及金融控股公司在诸如桥梁及图书馆等公共基础设施项目中投资并持有超过 15% 的股权，并提供各项税收刺激措施，以此来吸引私人资本和退休基金的投资。为了缓解政府对基础设施投入带来的财政压力，渐次引进了基础设施负担制度。

在农村主要是推动"新农村运动"，从两方面着手：（1）改造农民住房、饮水、道路、通信设施；（2）发展农业经济，大力推广农业专业化、机械化生产。具体做法是韩国政府根据不同发展阶段逐步推进，使基础村过渡到自助村，最终达到自立村。韩国在农村推行的"新农村运动"具有三个方面启示：（1）以改善生产、生活条件为抓手；（2）强调农民自身主体性；（3）政府扮演了合理角色。

（二）欧美模式①

欧美是市场经济最为发达的国家，市场体系完善，市场运作及市场规则规范，在经济上信奉"小政府大社会"。因此，在欧美的基础设施建设领域里社会投资占多数，政府在基础设施投融资关系里主要承担的

---

① 周运祥、曹国华、杨肖：《中外基础设施建设融资模式对比研究》，《水利水电快报》2005 年第 9 期。

是制定法律法规来规范市场运作。

1. 美国模式

（1）多元化的筹资。美国政府在进行各种公用基础设施建设之时，主要资金来源有四个方面，一是政府税收；二是政府债券；三是向外国政府和国际金融组织借款；四是国有企业自有资金。

美国基础设施建设领域吸收社会资本投资的主要方式之一是发行市政债券，利用成熟的资本市场为基础设施建设项目提供资金。美国市政债券是以政府的信用作为担保，由州和地方政府以及它们的代理机构和授权机构发行债券。美国众多政府单位，包括州、县、市、镇、特区和学区，这些机构中的大部分都可发行市政债券。市政债券一般有三种形式，一种是统借统还，债券发行以后统筹确定投向；另一种是政府提供担保的国有企业债券；第三种是重点项目建设债券。

为了减轻政府负担及提高企业的管理水平和竞争能力，鼓励与引导社会资本投资基础设施，政府允许并鼓励私人企业向铁路、航空、水电、广播电视、石油工业等主要公共行业进行直接投资，或与私人企业合资、合作建设项目。

（2）完备的投资决策、监管体系。美国在基础设施领域内的财政投资决策与监管机制十分健全。政府进行公共基础设施建设前，须进行严格的评估与测算，在此基础上制定投资预算计划书，之后须经过严格审议和公民公开投票等程序批准投资计划。如果投资预算资金需要增税来筹集，一般需要 2/3 的居民投票通过。一旦投资计划被投票批准，政府有关部门就要面向全社会公开进行设备和施工招标，并且由政府有关部门对整个预算执行情况进行严格的监管。

2. 欧盟模式

欧盟是由 28 个发展速度和方向都不同的国家组成的区域一体化组织。欧盟在基础设施建设领域通过"开放协调法"（Open Method of Co-ordination）来治理。欧盟委员会及其成员国政府围绕高速公路、铁路、能源基础设施、水务工程等建设项目制订了宏伟的发展蓝图。为实现上述计划，各国政府开始纷纷转向市场寻求市场融资。公私合作（PPP）和民间融资提案（PFI）在实施上述基础设施项目时将日益普遍。引社会资本进入公用基础设施领域所采取的方式如下：

（1）自由竞争。对可通过收费方式收回投资的城市基础设施，政府通过招投标方式选择私人企业出资建设和运营管理，建成后由私人企业向社会使用者收取费用回收投资，政府不参与投资和管理。

（2）政府补贴。对于可以进行收费但所收费用不能完全弥补投资者所投入资金的基础设施项目，政府仍通过招投标将项目承包给私人企业。由企业建造、经营、管理，并向社会收取合适的使用费，政府再对投资者收益补贴至社会平均投资回报率水平。

（3）政府购买服务方式。对于一些属于纯公共品的项目不能实现收费机制，私人无法通过项目建成后的经营收回投资，政府采取的方式是公共部门和私人部门合作，由私人企业出资建设和经营管理，由政府在未来项目建成后购买该项目的服务。这种方式既解决了私人企业建设基础设施的资金回收问题，又缓解了政府部门为基础设施项目筹资的压力。

二　基础设施建设发展模式理论概述

（一）超前型、同步型和滞后型基础设施建设发展模式

从世界经济发展史，尤其是主要日本、欧美主要发达工业化国家经济发展进程与基础设施匹配度来看，基础设施发展模式主要分为超前型、同步型和滞后型三类。超前型是指基础设施建设相对于直接生产活动超前一个时期；同步型是指基础设施与生产消费引起的需要相适应，直接生产部门与基础设施的形成和扩大同步发展；滞后型指基础设施发展滞后于直接生产部门。现代基础设施是现代社会运转的基础。基础设施所提供的公共服务是所有的商品与服务的生产所必不可少的，若缺少这些公共服务，其他商品与服务便难以生产或提供，同时，通常情况下基础设施只有达到一定规模时才能提供服务或有效的提供服务，像公路、机场、港口、电信、水厂等这样的行业，小规模投资很难发挥其作用，反映了基础设施具有先导性、基础性和整体性的特征。此外基础设施的需求总量并不等于单一市场主体对它的需求总量，而应该包括产业部门的直接需求和派生需求量。如此这就导致基础设施的多种内涵相互交错，难以对它的最优投资数量、投资规模、布局等做出精准的数量分析和估计。基础设施发展三种基本模式状态实际是理论的一种划分，实

践中往往是三种模式并存，或者某一状态处于相对突出，因而从与经济发展匹配度、人们的内在需求以及基础设施建设周期长视域来看，基础设施发展是相对动态均衡过程。

随着社会的发展和进步，对基础设施的需求量不断增大，单靠国家财政已远不能满足巨大的投资需求，同时政府在基础设施建设中的高投入、低效率、资源的高消耗和供给瓶颈，已经成为一个世界性问题。基于此，引发了世界范围内的公共基础设施建设的制度创新。由此从 20世纪 70—80 年代开始，许多发达国家和部分发展中国家纷纷推动政府再造、行政改革运动以及公私合作制，舒缓财政赤字问题、增强国家竞争力，提升基础设施质量及公共服务品质。

（二）市场化取向基础设施运营模式

1. BOT 模式

BOT 融资模式的基本思路是：由政府或所属机构对项目的建设和经营提供一种特许权协议（Concession Agreement）作为项目融资的基础。由本国公司或者外国公司作为项目的投资者和经营者安排融资，承担风险，开发建设项目，并在有限的时间内经营项目获取商业利润，最后，根据协议将该项目转让给相应的政府机构。有时，BOT 模式被称为"暂时私有化"过程（Temporary Privatization）。如图 4.1 所示。

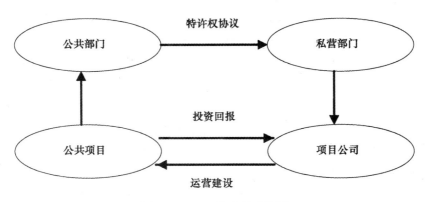

图 4.1　BOT 模式关系简图

2. BT 模式

BT 是 Build Transfer 的缩写，即建设—移交模式，指政府或其授权的单位作为 BT 模式项目发起人经过法定程序选择拟建的基础设施或公用事业项目的 BT 模式项目主办人，并由该 BT 模式项目主办人在工程建设期内组建 BT 模式项目公司进行投资、融资和建设，在工程竣工后按约定进行工程移交并从政府或其授权的单位的支付中收回投资。

3. PPP 模式

PPP（Public Private Partnership）模式是指政府公共部门和私人部门合作完成基础设施的投资和建设，以满足经济与社会发展对基础设施的要求。也即 PPP 模式是指公共部门通过与私人部门建立伙伴关系提供公共产品或服务的一种方式。PPP 模式本身是一个意义非常宽泛的概念，有广义和狭义之分，广义 PPP 泛指公共部门和私人部门为提供公共产品或服务而建立的各种合作关系。狭义 PPP 模式可以理解为特定项目融资模式。狭义的 PPP 模式更加强调合作过程中的风险分担机制和项目的衡量工作值（Value For Money）也称资金价值原则（本书采用狭义的 PPP 模式界定）。通过 PPP 模式，合作方可以达到与预期单独行动相比更为有利的结果，合作各方参与某个项目时，政府并不是把项目的责任全部转移给投资方，而是与参与各方共同承担责任和融资风险。如图 4.2 所示。

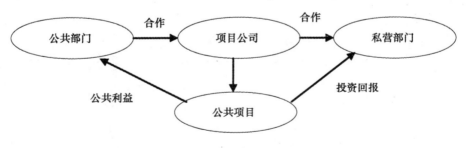

图 4.2　PPP 模式关系图

4. ABS 模式

ABS 融资模式（Asset-Backed/Based Securitization），指的是以项目所拥有的资产为基础，以该项目资产可以带来的预期收益为保证，通过在资本市场上发行债券筹集资金的一种项目融资方式。概括说就是"以项目所属的资产为支持的证券化融资方式"。ABS 融资模式运作一般有两种思路：（1）通过项目收益资产证券化来为项目融资；（2）与项目有关的信贷资产证券化。[①] 其特点是：资产形成的在未来一定时期内的现金流，可以同其他资产所形成的现金流相分离，即该资产权益相对独立，出售时不易与其他资产权益相混淆。这是资产可被证券化的基本前提。从技术上看，被证券化的资产还必须达到一定的量。如果规模较小，就需要找到与其性质相类似的资产，共同组成一个可证券化的资产池，从而达到规模经济。被证券化的资产收益率具有可拆分的经济价值，即资产必须具有可重组性，资产证券化的本质要求组合中的各种资产的期限、风险、收益水平等基本接近。资产持有者要具备某种提高拟发行资产证券信用的能力，即需要对所发证券进行信用提高，如图4.3所示。[②]

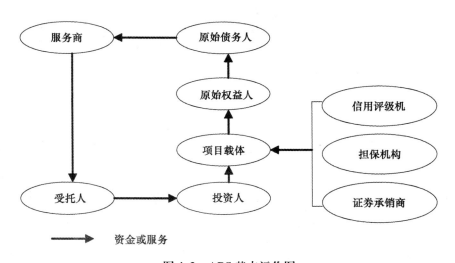

图 4.3　ABS 基本运作图

5. PFI 模式

PFI（Private Finance Initiative）模式，是指利用私人或私有机构的资金、人员、技术和管理优势进行公共项目的投资、开发建设与经营，政府对私人部门提供的产品和服务进行购买，也可以合营或授予私营部

---

① 王宋清、柯永健：《特许经营项目融资》，清华大学出版社 2008 年版，第 50 页。

② 钟璐：《BOT 融资模式和 ABS 融资模式分析》，《科技与管理》2007 年第 4 期。

门收费特权的形式进行，是继 BOT 之后的又一优化和创新的公共项目
融资模式，其目的在于解决基础设施以及公益项目的投资效率问题。

PFI 模式主要划分为独立运作型、建设转让型、合伙运作型。从实
践来看，3 种类型中第 2 种最常见，原因是对于业主而言，付费者为公
共部门，回收风险较低，比较具有吸引力。同时 PFI 与其他项目融资模
式相比，最大优势在于其适用范围广泛，它不仅适用于经营收益性的公
共基础设施，还可以用于非经营性的城市公益项目，是拓宽融资渠道，
缓解资金压力的最佳模式，如图 4.4 所示。①

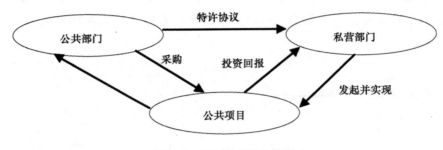

图 4.4　PFI 模式关系简图

6. TOT 模式

TOT （Transfer Operate Transfer）模式，即将建设好的公共工程项
目，如桥梁、公路，移交给外商企业或私营企业进行一定期限的运营管
理，该企业组织利用获取的经营权，在一定期限内获得收入。在合约期
满之后，再交回给所建部门或单位的一种融资方式。在移交给外商或私
营企业中，政府或其所设经济实体将取得一定的资金以再建设其他项
目。因此，通过 TOT 模式引进私人资本，可以减少政府财政压力，提
高基础设施运营管理效率。如图 4.5 所示。

各种投资经营模式有其自身的特点及对运营环境要求，具体如表
4.1 所示：

---

① 王守清、柯永健：《特许经营项目融资》，清华大学出版社 1988 年版，第 25 页。

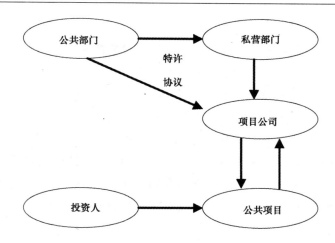

图 4.5 TOT 融资结构

表 4.1 主要投融资模式在基础设施建设中的差异性比较①

类型/模式	BOT	TOT	PPP	PFI	ABS
适用范围	一定规模的纯经营性项目	纯经营性项目	经营性项目	经营性项目或非经营性项目	经营性项目
收益要求	收益性高	收益性高	收益性高		收益稳定
风险大小	风险较大	风险适中	风险小	风险小	风险较大
承担主体	外商、民营资本	经营商	政府、民营资本、信贷银行	民营资本	投资者
投资主体	外商、民营资本	民营资本	政府、民营资本	政府、民营资本	全社会投资者
资金来源	自有资本或信贷	自有资本或信贷	财政、自有资本或信贷	财政、自有资本	资本市场
资产管理、使用效率	加快项目建设、提升资本使用效率	盘活资本存量，提高管理能力	转换政府职能，提高资本效率	减轻财政负担，提高服务水平	扩大资本来源，强化资产管理

———————————

① 钟路：《BOP 融资模式和 ABS 融资模式分析》，《科技与管理》2007 年第 4 期。

通过对国外主要发达国家基础设施发展主要模式、市场化取向基础设施运营模式理论梳理获得三个基本结论。

（1）基础设施建设需要强化整体协调性以及持续的投入，从而保证其与国民经济以及人们需求之间相对均衡；

（2）随着一国发展阶段不断提升、金融市场逐渐完善，各地基础设施建设的主要资金来源将从财政投入、信贷支持转为证券融资。同时，随着一国市场化进程的推进和金融深化程度的提高，基础设施融资模式将从最初主要以财政投入为主，转向以银行信贷为主，最后渐次实现以证券融资为主的成熟模式。

（3）市场化取向背景下基础设施建设及其运营模式内生复杂性，需优化相关的外部环境、制度体系以及政府公共服务能力。

第二节　我国基础设施建设模式变迁

我国的制度变迁是政府主导型和渐进式的制度变迁。政府主导主要表现在由政府设置制度变迁的基本路向和准则、实施制度供给、引导微观主体的制度创新活动和促进诱致性制度变迁的发生。而渐进性则主要表现在从增量改革逐渐向存量改革过渡、从局部改革逐渐到整体性推进和先易后难的变迁进程。我国基础设施建设嵌入与整个经济社会发展进程，经济社会制度变迁渐进式发展模式，使得基础设施建设主体由单一政府主导逐步向市场多主体发展，筹资单一渠道向多元化拓展。

一　政府单一主体建设模式

1978 年改革开放之前，我国基础设施建设全部由政府直接投入并建设，国家是基础设施建设投资的唯一主体。建设资金主要包括：

（一）税费或专项资金

扩大建设资金来源，在城市 1964 年财政部出台了《关于征收城市公共事业附加的几项规定》，决定开始征收公共事业附加税，建立了我国第一个城市基础设施建设资金来源渠道；1979 年部分城市开征城市维护建设资金；国务院于 1985 年 2 月 8 日发布《中华人民共和国城市维护建设维护税暂行条例》，并与同年 1 月 1 日起实施的，由此城市维护建设资金改为城市建设维护税，成为城市基础设施财政投资的主要来源。在农村，1958 年 6 月 3 日第九十六次会议通过《中华人民共和国农业税条例》，1991 年国务院颁布的《农民承担费用和劳务管理条例》，它规定农民主要负担的项目是三项提留（公积金、公益金、管理费）和五项统筹（乡村两级教育统筹、计划生育、优抚、民兵训练、修建乡村道路），两项制度于 2006 年 1 月 1 日废止。

（二）中央地方预算投资

国家预算和中央财政投资是我国基础设施建设的重要来源。在城市 20 世纪 80 年代国家层面投资占到了城市基础设施总投资的 10% 以上，但随着 1994 年实行分税制和 1998 年加大基础实施国债投资以后，这一比例有所下降。1987 年国务院提出了改革城市建设体制，1989 年国有土地使用权有偿转让，地方政府在 1990 年实行土地有偿使用和转让制度后，以土地出让、基础设施建设配套费等政策性收费成为地方政府投资基础设施的主要来源，同时地方政府也成为基础设施建设主力，学者实证研究对此给予了印证，如魏新亚（2002）发现，中央项目的比例在 1991 年之前一直在 50% 以上，而到 1999 年仅占 32.5%，这表明中国对基础设施建设的投入开始转入以地方投资为主的阶段。张军等人 2007 年研究发现我国的基础设施水平和对基础设施的投资模式发生了巨大的变化，地方政府在基础设施的投资上扮演着非常重要的角色。分权和对地方政府正确的激励，使得我国基础设施建设获得了良好的发展水平。[①]

二　政治动员建设模式

1964 年开始到 20 世纪 70 年代初，政府在中国中西部地区的 13 个省、自治区进行的一场以战备为指导思想的大规模国防、科技、工业和交通基本设施建设，史称"三线建设"。三线建设是中国经济史上又一

---

① 张军、高远、傅勇、张弘：《中国为什么拥有了良好的基础设施?》，《经济研究》2007 年第 3 期。

次大规模的工业迁移过程，其规模可与抗战时期的沿海工业内迁相提并论。20 世纪 50—80 年代，在农村国家通过动员农业集体经济组织投入农村基础设施建设的资金和劳动。农业集体经济组织不仅是国家农业投资的主要承办方，而且大批中小型农田水利工程是由集体经济直接出工出资，以群众运动方式推动完成的。

三　农民出工、以资代劳自建设模式

20 世纪 80 年代，我国的工业体系已经初步建设起来，工业化进程逐步转入中级阶段。但是，工业化的进展并没有使农业基本建设投资比重下滑的态势得以逆转。相反，"六五"时期（1981—1985）农业投资在全社会投资中的比重为 8.7%；其中基本建设投资的比重为 2.3%；"七五"时期投资比重继续下滑到 5%，其中基本建设投资的比重下滑为 1.5%。"六五"、"七五"两个计划时期每年农业基本建设投资绝对值比 70 年代末还有所减少。第七个五年计划（1986—1990）期间，全社会基本建设投资 7349.09 亿元，其中用于农业的 110.13 亿元，年平均增长速度仅 3.4%，相当于同期全社会投资年平均增长速度 15% 的五分之一强。[①] 由此，各地突破了《农民承担费用和劳务管理条例》核准的范围，即指农民除缴纳税金、政府的农产品定购任务以外，还承担了村提留、乡统筹费、劳务以及其他费用，同时农民出工、以资代劳以及以工代赈方式推动农村基础设施建设。

随着改革开放的深入，进入 20 世纪 90 年代，银行信贷资金、民间资金、外资、国际组织贷款开始也成为我国基础设施建设的重要来源。其中银行贷款占较大比重并增长迅速，2009 年达到 15.7%，最高年份达到 20.3%。总体而言，中央地方政府性投资依然占主导地位，但各项社会资金在基础设建设投资中的比重有所增加，基础设施建设投资来源呈现市场化、多元化趋势。

---

① 董志凯：《我国农村基础设施投资的历史变迁（1950—2000）》，《中国经济史研究》2008 年第 3 期。

四　市场化取向多种模式

随着改革开放的深入，进入 20 世纪 90 年代，银行信贷资金、民间资金、外资、国际组织贷款开始也成为我国基础设施建设的重要来源。基础设施建设模式呈现多元化趋势。早在 20 世纪 90 年代，上海探索了以小的政府投入引导大的社会资本参与的"上海模式"；2002 年重庆组建八大投资集团，逐步形成了大的政府投入带动小的社会资本参与的"重庆模式"；武汉探索组建大投资财团的"武汉模式"；深圳政企联手代建总承包的"万科模式"。

与此同时基础设施运营和制度建设水平也有了一定程度提高。1996年原国家计划委员会颁布的《关于实行建设项目法人责任制的暂行规定》，规范了主体行为。2001 年原国家计委出台了《关于印发促进和引导民间投资的若干意见的通知》，指出逐步放宽民间资本投资领域，鼓励和引导民间投资以独资、合作、联营、参股、特许经营等方式，参与经营性的基础设施和公益事业项目建设。2002 年，国务院出台《"十五"期间加快发展服务业若干政策措施的意见》，指出放宽服务业公共事业市场准入。2002 年，国务院公布了《外商投资产业指导》，对外商开放公共服务领域。2002 年，建设部《关于加快市政公用行业市场化进程的意见》，全面启动城市基础设施建设市场化的改革。2004 年 3 月19 日建设部出台了《市政公用事业特许经营管理办法》，加快推进了市政公用事业市场化，规范市政公用事业特许经营活动。2004 年 7 月 16 日国务院公布了《关于投资体制改革的决定》，确立了按照"谁投资、谁决策、谁收益、谁承担风险"的原则，落实企业投资自主权的新型投资体制。2005 年 2 月 19 日国务院出台《关于鼓励支持和引导个体私营等非公有制经济发展的若干意见》，2010 年 5 月国务院出台《关于鼓励和引导民间投资健康发展若干意见》中发［2010］13 号进一步提出加快完善政府特许经营制度，规范招投标行为，支持非公有资本积极参与城镇供水、供气、供热、公共交通、污水垃圾处理等市政公用事业和基础设施的投资、建设与运营。在规范转让行为的前提下，具备条件的公用事业和基础设施项目，可向非公有制企业转让产权或经营权。鼓励非公有制企业参与市政公用企业、事业单位的产权制度和经营方式改革。

五 我国基础设施建设运作程序

根据基础设施建设根据作用和受益范围，基础设施项目划分为中央项目和地方项目，过程中涉及各级审批机构以及各级设计、建筑、运营机构等等。中央项目由各行业部委负责组织建设并承担相应责任，地方项目由地方人民政府组织建设并承担相应责任。已经安排中央投资进行建设的项目，由各部委与有关地方人民政府协商确定类别，报国家发改委备案。地方项目运作机制，实质上还是政府主导型，即每年年初根据不同的项目隶属关系，由相对应的行业部门与相应的地方政府计划部门共同或单独提交每年度的基建计划，经行业汇总审核后，报国家相应层级主管部门，再由国家相应层级主管部门根据国家、地方的整体基建计划做出调整，形成每一年度的投资计划下达到各部及有关省份或部门。其后由国家各级财政部予以安排财政资金的拨付。

对于具体的每个项目，则必须经历项目建议书、可行性研究、初步设计以及施工阶段设计等阶段渐次进入真正的实施，每一阶段的审批都由相应的行业归口部门及计划部门进行审批。对项目资金的控制主要以项目可行性研究报告里提供的项目预算为准。在决策过程中当然存在着不同层面利益间的协调过程，这就需要群体的协同和应对委托—代理问题的良性机制。如图4.6、图4.7所示。

六 我国基础设施建设模式存在问题

60多年来，我国基础设施经过大规模的投资和建设，得到明显加强，基础设施的快速发展为国民经济的发展和人民生活水平的提高提供了坚实的基础。

尽管国家在基础设施方面的投资力度有所加大，但现有基础设施的状况还是难以满足我国未来经济发展的要求，还存在着一些体制性障碍，目前我国基础设施建设模式主要存在以下问题：

1. 缺乏科学有效的投资决策方法和决策体制，主要以政府行政审批和决策为主，往往会出现"寻租"，决策失误。

2. 投资主体过于集中，政府、政府的主管部门和国有企业是基础

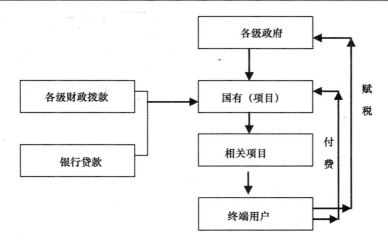

图 4.6　基础设施投资运营程序简图

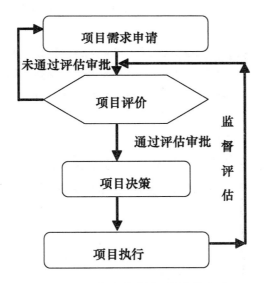

图 4.7　基础设施建设项目投资程序

设施建设项目的主要投资者。鼓励和引导社会力量增加对基础设施建设投资的激励机制和约束机制尚未建立。由此，形成了政府财政压力过大，尤其是地方政府引发巨额的债务。

　　3. 投资与经营责权不明，政府具有投资者和经营管理者的双重身份，很难评判基础设施建设绩效。

4. 投融资方式不规范，投融资中介服务体系不健全，引发信托责任。

5. 民营资本在进入基础设施领域依然存在较多的制度性障碍。在投资政策方面，国家给予外资以很多方面的优惠，但国内的民营资本却难以享用，给予外资的"超国民待遇"使得民营资本在与外资的竞争中又处于劣势，一定程度上制约动员社会资源参与基础设施建设。

综观我国基础设施建设模式变迁，不难发现市场化取向、多主体参与的公私合作制趋势已经明显。这一制度安排是诱导性制度变迁的结果。一方面是由于在新的历史条件下，居民对基础设施的供给有了更高要求。另一方面在竞争机制下，基础设施建设一般具有为以私人部门等市场主体提供稳定的收益，因而对追求回报的社会资本具有很强的吸引力。在政府财力有限的条件下，使用者的需求与私人部门的投资动力共同演绎了公私合作制为内容制度变迁。

总之，我国建立了适应社会主义市场经济体系的基础设施建设模式，已初步塑造了运营基础设施的行政环境、市场环境。各地市场化、产业化的公私合作制为基础设施建设模式提供了很多可以借鉴的宝贵经验和实践基础。

第三节　现阶段我国发达地区、西部地区和革命老区基础设施建设模式比较

2013 年 9 月国务院发布《关于加强城市基础设施建设的意见》明确要求优先加强供水、供气、供热、电力、通信、公共交通、物流配送、防灾避险等与民生密切相关的基础设施建设，加强老旧基础设施改造。

2014 年 3 月，中共中央、国务院印发了《国家新型城镇化（2014—2020 年）》，提出促进约 1 亿农业转移人口落户城镇，改造约 1 亿人居住的城镇棚户区和城中村，引导约 1 亿人在中西部地区就近城镇化。这凸显了政府以人为本、优化布局推进新型城镇化的决心，同时也将推进交通、水利、能源、市政等基础设施建设。

2013 年，中央预算内投资用于农业农村的比重达到了 50.6%，投资总量超过 2200 亿元。2014 年中央预算内投资安排 4576 亿元。其主要投向包括七个方面：一是"三农"建设；二是社会事业和社会治理；三是保障性安居工程和配套基础设施建设；四是重大基础设施建设；五是节能环保和生态建设；六是边疆和少数民族地区发展；七是自主创新和结构调整。

由此可以推测未来，基础设施建设发展空间仍然较大，基础设施建设运行的整体市场化程度将有所提高。但同时我国人口红利在渐次减弱，国外对我国贸易保护在强化，由此，行业经营成本将持续上升的趋势明显，同时当前我国宏观经济面临国际经济整体复苏缓慢、不可预测风险因素诸多，中国经济的回升基础并不稳固，结构性矛盾依然突出，风险因素较多，中国经济步入"新常态"。基础设施建设仍然为我国宏观经济发展的动力之一，在此背景下梳理区域间基础设施建设模式，具有重要的现实意义。

一 基础设施建设总体概况

2012 年，我国基础设施行业固定资产投资额总额达到了 83452 亿元。其中交通运输、仓储和邮政业投资额最高，达到了 30296 亿元；卫生和社会工作增速最快，为 23%。2013 年，我国基础设施行业固定资产投资额总额达到了 102206 亿元。其中水利、环境和公共设施管理投资额最高，达到了 37598 亿元；增速也最快，为 26.9%。

1993—2011 年间的基础设施资本存量和人均基础设施资本存量的变动情况。基础设施建设呈现两个重要特征：[1]

第一，从基础设施资本存量绝对水平看，无论是总量还是人均水平，东部区域均处于全国领先位置。从总量看，2011 年东部基础设施资本存量达到 89456 亿元，是西部地区存量的 1.68 倍。西部基础设施资本存量从 2007 年起开始超过中部地区，2011 年是 53121 亿元。中部地区基础设施资本存量达到 45374 亿元，是西部地区存量的 0.86 倍。从人均水平看，2011 年东中西部人均基础设施资本存量分别为 16134

---

[1] 金戈：《中国基础设施资本存量估算》，《经济研究》2012 年第 4 期。

元、10454 元和 9637 元，东部和中部地区的人均水平分别是西部地区的 1.67 倍和 1.08 倍。

第二，从基础设施资本存量增长速度看，最近二十年中西部的总量和人均水平的年均增幅均高于东部，追赶效应明显。从总量增幅看，1993—2011 年间，东中西部基础设施资本存量年均增长率分别为 16.2%、17.3% 和 19.6%。这使得东中西部基础设施资本存量的比例从 1993 年的 2.82∶1.21∶1 缩小至 2011 年的 1.68∶0.85∶1。从人均水平增速看，1993—2011 年间，东中西部年均增长率分别为 18.0%、20.4% 和 19.9%；东中西部人均基础设施资本存量的比例从 1993 年的 2.13∶1.02∶1 缩小至 1.67∶1.08∶1。[1]

在投资资金结构中，中西部地区 2003—2008 年的基础产业和基础设施投资资金来自国家预算内资金为 12443 亿元，占全国的 61.6%，比 1995 年和 2002 年分别提高 0.5 个和 5.5 个百分点。[2] 充分体现了国家在政策、资金上加强了对中西部的扶持。2003—2008 年，中西部地区基础产业和基础设施施工项目 509758 个，占全国的 66.2%，比 2002 年提高 5.9 个百分点；基础产业和基础设施投资 129805 亿元，年均增长达 27.8%，比全国基础产业和基础设施投资年均增长水平快 3.3 个百分点。

此外，从基础设施建设资金结构来看，国家及社会资本在基础产业和基础设施建设上起的作用越来越大，相对较好地解决了国家资金不足的问题。2009 年基础产业和基础设施投资的资金来源中，国家预算内资金占 5.06%、国内贷款占 15.70%，利用外资占 1.84%，自筹资金占 61.34%，其他资金占 16.02%。投资主体分经济类型看，国有投资占 61.6%，外资占 4.6%，私营个体占 7%。[3] 如图 4.8 所示：

---

① 邵挺：《未来十年中国基础设施发展潜力：国际经验的启示》，http：//www. cet. com. cn/wzsy/gysd/97774. shtml.

② 国家统计局：《基础产业和基础设施建设成绩斐然》：http：//www. stas. ogv. cn/tifx/zs-fx/jnggkfoon/4513138html.

③ 国家统计局：《基础产业和基础设施建设成绩斐然》，http：//www. stats. gov. cn/ztfx/jnggkfoon/4513138. html.

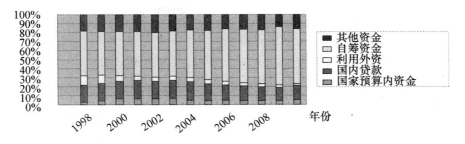

图 4.8　不同年份固定资产投资来源

资料来源：历年《中国统计年鉴》。

同时，基础设施建设过程中，发达地区由于经济实力强劲、市场基础好，由此形成了政府—市场多主体的模式。中西部地区政府主导占重要地位。

二　上海模式①

早在 20 世纪 80 年代中期，上海以建立举债机制为重点，扩大政府投资规模；1988 年 4 月，上海在全国率先成立了城市建设基金会。这一举措为城建投融资体制改革打下了良好的基础。1990 年国家实行土地有偿后，开始使用以土地批租为重点，挖掘资源性资金；1992 年，在当时上海市市长黄菊同志的倡导下，按照"开拓思路，探索多渠道筹措资金新路子"的基本思路，成立了上海市城市建设开发投资总公司，90 年代后期，随着上海国际金融中心的确立，逐步以资产运作为重点，以市场化的方式，吸引社会资金投资。投资主体由单一到多元、融资渠道由封闭到开放、投资管理由直接到间接的转变，实行投资、建设、运营、监管相分离原则。

---

① 由于数据获取困难，本文仅对发达地区、西部地区和革命老区基础设施建设模式比较分析采用典型性非代表性模式进行比较研究。发达地区选取上海，西部地区选取重庆，革命老区选取中央苏区县，这是由于各自对基础设施投融资体制进行了改革，形成了各具特色的或路径依赖基础建设模式。

三　重庆模式①

重庆以三峡建设和西部开发为契机，于 2002 年组建八大国有建设性投资集团，进行探索基础设施建设制度创新。"重庆模式"具体含义是：（1）从主体来看，"重庆模式"的发挥主导作用的是公司化、集团化、专业化和规模化的政府建设性投资企业；（2）从融资方面来看，"重庆模式"探索出了五大资本金注入方式，并利用各种融资工具以市场化的运作方式进行融资。（3）从投资方面来看，"重庆模式"突破了传统体制下政府"多位一体"的模式，实现了投资、建设、运营、使用的职能分离模式。（4）从风险管理来看，"重庆模式"投资建设运营主体自我发展自求平衡，独立法人治理机制。

四　政府主导条块分割模式

原中央苏区县大多属于革命老区县，老区多分布在边远山区、丘陵区以及自然条件较差的地区。新中国以来特别是改革开放以来，老区基础设施建设面貌已经发生了翻天覆地的变化，但由于历史、自然和交通区位等多方面的原因，大多数老区经济社会发展至今仍相当落后。区内除福建建宁、泰宁、清流、明溪、龙岩、漳平，江西黎川，其余 35 个县市人均固定资产投入达不到全国平均水平。如图 4.9 所示。

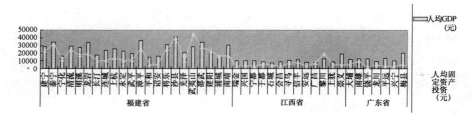

图 4.9　图为 2010 年原中央苏区人均固定资产投入、人均 GDP 图
资料来源：历年中国统计年鉴。

---

① 谢世清：《城市基础设施的投融资体制创新：重庆模式》，《国际经济评论》2009 年第 7—8 期。

这一模式特点主要是地方政府占主导地位，扮演着建设经营的双重角色。中央政府非连续性、非系统性扶持，且扶持对象标准模糊，缺乏监督评估机制。在资源吸取上，主要表现在地方政府"跑项目"，申请项目资金，缺乏市场化的投融资平台。

第四节　借鉴与创新：构建原中央苏区基础设施建设模式

原中央苏区在我国区域发展中属于欠发达地区，该区域集"老"（革命老区）、"少"（少数民族地区）、"山"（山区）、"边"（四省交界地区）、"穷"（欠发达地区）、"弱"（近几年不合理的开发导致生态环境脆弱）于一体，还兼有自然资源丰富和水库库区于一体的特点。基础设施建设相对落后，经济社会发展后劲不足，开发强度有待进一步提升。如图 4.10 所示。

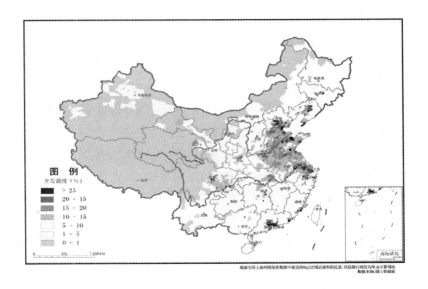

图 4.10　全国开发强度示意图

在基础设施建设模式上具有我国基础设施建设模式中存在的普遍问题，同时兼有市场体系更需要进一步提升，市场动员机制不完善的双重困境。在基础建设模式理论、国外主要发达国家基础设施建设实践及我国基础设施建设模式变迁指引下，结合原中央苏区的实际状况，本书倡导政府主导多元协同市场化运营模式是原中央苏区基础设施建设模式可行的制度创新。

一 政府主导多元协同市场化运营模式内涵

原中央苏区县（市）基础设施相关主管部门成立联席会议长效制度，研究规划区内基础设施建设，监督约束区域基础设施建设管护投融资集团。设立常设机构，每年定期召开，实行各县（市）轮流制召集会议。

按照分行业原则整合现有各县（市）基础设施建设管护主体，各地按现有资产参股方式建立具有独立法人资格的区域性投融资集团，如：地产公司、水利投资公司、水务公司、成建投资公司、交通投资公司、旅游投资开发公司等，形成规模化、集团化、专业化、公司化的市场投资主体。各县（市）原有基础设施建设管护主体在不涉及区域间合作的基础设施建设有一定的独立性。

在区域协同、市场主体协同框架下政府主导从项目融资模式的组合与转换角度集成 BOT/BT/PPP/ABS/PFI/TOT 融资，包括空间集成以及时间集成。就融资而言就是将 BOT/BT/PPP/ABS/PFI/TOT 六种项目融资模式进行集成为一种 BOT-BT-PPP-ABS-PFI-TOT 即集成融资模式。即运用综合集成研讨厅体系，把信息流集成起来，对基础设施项目的环境影响进行评价，从而为基础设施项目及其子项目选择出与项目环境相适应的项目融资模式，如 BOT/BT/PPP/ABS/PFI/TOT 项目融资模式中其一或者组合模式进行运作，并且在项目运行过程中对 BOT-BT-PPP-ABS-PFI-TOT 集成融资模式的风险进行了分析，如果发现环境的变化与原来的模式不相匹配时，及时调整为合适的项目融资模式，以避免项目失败的风险，保证基础设施项目健康、稳定、持续地发展。

二 政府主导多元协同市场化运营模式意义

（一）有利于原中央苏区基础设施建设决策科学化、民主化

政府主导多元协同市场化运营模式就集成项目融资而言主要由投资

结构、信用保证结构、资金结构、融资结构四个模块构成。基于项目驱动内生要求管理的层级扁平化以及行之有效的制度保障机制，其中最重要的便是建立、贯彻和执行行政决策的民主参与机制、科学决策制度、法治保障机制，这套机制和制度有利于推进原中央苏区实现行政决策的民主化与科学化，完成传统决策向现代民主、科学决策的彻底转变，减少基础设施建设决策重大失误。

（二）有利于动员社会资源的参与原中央苏区基础设施建设，弥补了原中央苏区政府财政资源的不足，推进原中央苏区政府建设发展基础设施

运用政府主导多元协同市场化运营模式把基础设施分为若干子项目，由不同的公司承担，可以极大地吸引规模不同的公司，特别是国内的公司积极参与基础设施项目的建设。和单纯的政府主导或单一的BOT/BT/PPP/ABS/PFI/TOT模式相比具有更大的灵活性和适用性，有利于加快原中央苏区基础设施的建设和发展的步伐。

（三）市场化运营提升了基础设施建设和管护效能，同时分担了原先由公共部门承担的风险

政府主导多元协同市场化运营模式则提出了在环境发生巨变时要考虑变化的环境与原来采用的模式是否相匹配，并建立了一个项目环境影响评价模型，定量分析了与环境相适应的项目融资模式，必要时也可以对整个基础设施项目融资模式进行变换，从而保证基础设施项目得以顺利实施下去，从而化解风险，提升了基础设施建设、管护效能。

（四）促使原中央苏区政府部门更新观念，破解等靠要的思想，提高行政管理水平

创新基础设施建设模式有利于以科学发展观为指导，推动思想解放和观念更新，进一步树立以人为本、全面协调可持续发展的理念，着力转变不适应不符合科学发展观的思想观念。克服一些部门等靠要、唯资源论等思想，树立创新谋发展的新观念。

（五）有效规制政府中的败德成员在项目建设中产生的寻租和腐败行为

政府主导多元协同市场化运营模式依附于资本市场，高效资本市场

有利于完善公司治理结构，规范各主体行为。由此，私营部门提供项目资金得到更为严格的控制，可以有效地避免政府中的败德成员在项目建设中产生的权力寻租和腐败行为。

三　政府主导多元协同市场化运营模式可行性

（一）项目管理理论为模式的组合提供了理论依据

项目管理理论把各个子项目分为纯经营性子项目、准经营性子项目或者非经营性子项目。对纯经营性子项目和准经营性子项目，要根据该子项目的特点分别采取不同的项目融资模式，如：BOT/BT/PPP/ABS/PFI/TOT 即项目融资模式中的一种或其组合模式进行运作；而对于非经营性子项目则由政府统一投资、建设和管理。因此，政府主导多元协同市场化运营模式运用综合集成研讨体系把项目分解为各个不同的子项目进行运作具有坚实的理论支撑。

（二）原中央苏区 BT/BOT/TOT/PPP 项目融资模式的实践提供了经验

原中央苏区县宁都县第二中学搬迁工程、会昌县汉仙岩生态旅游经济区项目、瑞金污水处理工程等项目都不同程度地实现了 BT/BOT/TOT/PPP 模式的市场化运营，项目的实施为当地建设基础设施做出重要贡献，同时这些实践活动为政府主导多元协同市场化运营模式的应用提供了很多可以借鉴的宝贵经验，此外，我国在推动基础设施建设市场化、产业化的进程中出台了一系列的政策文本，这些都为政府主导多元协同市场化运营模式的实施起到了重要的指导作用。

四　区域协同是政府主导多元协同市场化运营模式保障

"十二五"时期，我国区域经济合作将加快发展，在东部发展、西部开发、中部崛起和东北振兴的四大区域经济合作发展的格局下，国家出台了一系列扶持区域经济发展的措施，以小区域经济的开发开放促进大区域经济的全面发展。长三角、珠三角快速发展，鄱阳湖生态经济区、海峡西岸经济区以及长株潭城市群全国资源节约型和环境友好型社会建设综合配套改革试验区相关举措逐步落实，对原中央苏区县既是机遇，又是挑战；既有辐射，更具虹吸。全国开发区及原中央苏区周边战略区域规划区分布如图 4.11 所示。

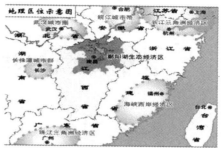

图 4.11　全国开发区及原中央苏区周边战略区域规划区分

　　原中央苏区应充分利用各自丰富的稀有金属、有色金属等自然资源，"红色文化"、"客家文化"等人文资源优势，协同基础设施建设，从而使原中央苏区成为经济持续发展、文化更加繁荣、区域综合竞争力不断增强、人民群众安居乐业的和谐区域。把原中央苏区建设成为科学发展之区、改革开放之区、文明祥和之区、生态优美之区。力争把原中央苏区振兴列入中央规划，把原中央苏区振兴列入中央宽松待遇的政策盘子。从而使政府主导多元协同市场化运营这一基础设施建设模式有可调配资源以及投融资平台。

第 五 章

原中央苏区基础设施现状分析

第一节 基础设施总体现状

一 投资额持续提高，但仍低于全国平均水平

随着我国各级政府对原中央苏区振兴发展的日益关注，国家对原中央苏区基础设施建设资金投入不断增加。赣州 18 个县均为原中央苏区县，下面以其为例，分析基础设施建设投资额变化情况。（见表5.1）

表 5.1 　　赣州市 2010 年行业固定资产投资（50 万元以上项目）
及增长情况

行业	投资额（亿元）	比上年增长（%）
电力、热力的生产和供应业	26.01	164.6
水的生产和供应业	7.86	40.6
交通运输、仓储和邮政业	73.72	88.1
科学研究、技术服务和地质勘察业	1.54	112.2
水利、环境和公共设施管理业	102.77	14.2
居民服务和其他服务业	0.40	−59.4
教育	12.41	−20.8
卫生、体育和娱乐业	20.36	148.2
文化、体育和娱乐业	15.11	80.6
公共管理和社会组织	5.23	−12.5

数据来源：《2011 年赣州年鉴》

赣州市 2011 年在水利、交通、邮政、科研、卫生、环境等方面投资力度更大。如 2011 年在电力、热力的生产和供应业方面，投资了 26.01 亿元，比上年增长 164.6%，卫生、体育和娱乐业的投资总额绝对值也比上年增长 148.2%。

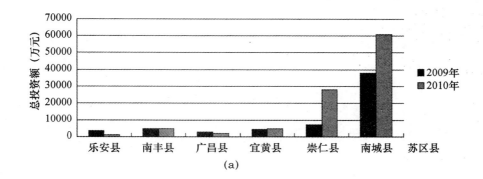

(a)

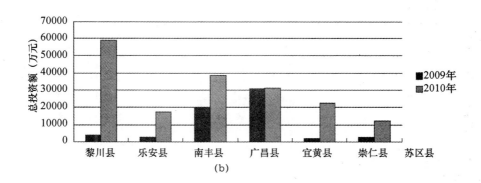

(b)

图 5.1　6 个原中央苏区县 2009—2010 年交通（a）、教育（b）基础设施投资额变化

如图 5.1 所示，2009—2010 年，随机选取的 6 个原中央苏区在交通和教育基础设施方面的投资额均有涨幅。但是，政策支持力度还不够大，基础设施投资水平仍低于全国平均水平。随机抽取江西 9 个原中央苏区县，以其 2009 年教育基础设施投资额与该年全国平均水平线做比较，如图 5.2 所示，不难看出这一点。即使教育基础设施投资额最高的黎川县（58792 万元）仍远远低于全国平均水平（105302.80 万元）。

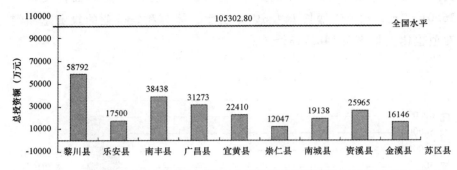

图 5.2　2009 年 9 个原中央苏区县教育基础设施投资与全国平均水平比较

二　基础设施数量不断增长，但等级标准不高

基础设施是国民经济建设的基础，是区域社会经济发展的先行条件，是解决贫困地区经济发展脱贫致富的重要措施。随着国家"村村通"系统工程的不断推进，地处偏远的原中央苏区基础设施建设也得到显著改观。例如章贡区，2011 年投入新农村建设资金 4000 万元，改水、改厕率 100%；赣县 2011 年投入城市建设资金 30.5 亿元，增长 31.3%，征地拆迁安置力度加大，拆迁房屋 925 栋 15.4 万平方米，启动 36 个安置区建设，新增县城建设成区面积 1.7 平方千米，达成 16.9 平方千米。

然而，受区位条件的限制和建设资金的不足，原中央苏区基础设施等级标准普遍不高。以交通基础设施为例，2010 年，原中央苏区通车公路密度为 64.5km/km²，低于三省 89.99km/km² 的平均水平。至 2010 年年底区域内仍有 10 多个县没有通高速公路，近期规划高速建成后，仍有新干、乐安、宜黄、崇仁、永丰、安远、建宁、明溪、安远、平和等县未通高速，可以说，高速公路时代原中央苏区交通地位已经明显落后。此外，原中央苏区的交通网络以低等级公路为主，如会昌：铁路 20 公里、高速公路 27 公里、二级公路 166 公里、三级公路 58.8 公里、四级公路 1055.7 公里、等外公路 165.9 公里。又如赣州，市内省道中有些路段还达不到三级公路标准，许多路面还是砂石路面，大量已建成的二级公路技术指标低，通行能力不高，与交通枢纽的地位极不相符。

现全国已步入高铁时代，但原中央苏区与高铁形成的中国生产力大通道几乎没有交集，区域内铁路网络等级低、覆盖面不足。（如图 5.3 ~ 图 5.4 所示）

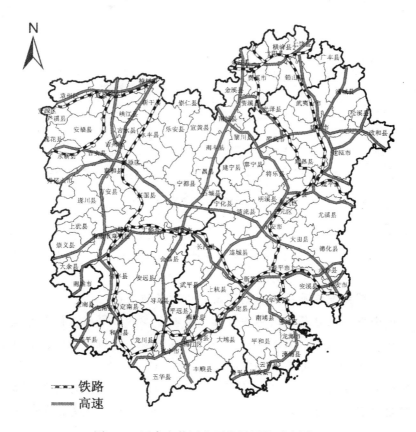

图 5.3　原中央苏区主要交通网络示意图

　　如上图所示，在全国主体功能区规划中，原中央苏区的交通优势度远低于沿海发达地区，次于中部平均水平，仅比西藏、青海、新疆等西部地区略为优越。综上，原中央苏区基础设施建设在全国及区域中的地位不高，难以吸引基础设施建设投入，必将影响原中央苏区振兴发展的脚步。

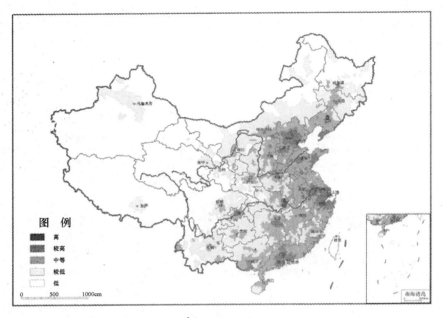

图 5.4   全国交通优势度评价图

三   城乡发展不平衡、基础设施供需矛盾突出

原中央苏区县基础设施建设存在着城乡发展不平衡，供需矛盾突出的问题。原中央苏区县农村地区由于地理位置、基础设施欠账较多，历史上"重城轻乡、重工轻农"观念固化等原因，加之原中央苏区农村公共产品供给多以"自给自足型"为主，而城市经济文化资源基本处于自足状态，未能实现向农村扩散，导致城乡基础设施差距悬殊。原中央苏区基础设施建设供需矛盾也很突出。以原中央苏区县水利基础设施建设为例：一方面，小型农村水利基础设施的供给过剩，地方政府热衷于投资见效快、周期短的水利项目，造成部分原中央苏区县农村水利基础设施供给过剩；另一方面，大型水利灌溉设施供给不足，农民的真实需求未能得到满足，导致投资浪费，严重阻碍原中央苏区县农村经济的发展[①]。分析其原因，主要有：第一，地方财政乏力，融资困难，基础

———————————

① 相婷婷、张长征：《农村水利基础设施的供需均衡分析》，《中国农村水利水电》2014年第 1 期。

设施建设无法满足民众日益增长的发展需求，无法配套协调相关产业发展。第二，历史欠账较多，许多硬件设施与建设标准均相对较低，大量设施存在老化问题。第三，原中央苏区县农村公共建设和公共服务严重依赖于省级以上财政的专项转移支付，造成最了解农户真实公共服务需求的基层政府缺乏主动供给能力，而省级以上财政则由于信息不对称而难以提供与需求相匹配的供给内容，导致原中央苏区县从中央或省级政府所获得的、可直接用于基础设施的投资十分有限，而地方政府对农村的财政投入只能勉强填补"吃饭财政"缺口，根本不能保证村级公共基础设施的资金需求，这也相应地拉大了城乡基础设施建设的差距。

第二节　交通基础设施

一　以公路运输为主，运力不足[①]

中央苏区交通运输以公路运输、铁路运输为主，公路、铁路交通网络不断延伸和升级，发展迅速。从调研材料和赣州市与相关县统计年鉴可知，2011 年，赣州市公路通车里程 27119.882 千米，其中高速公路 808.36 千米，赣定高速 126.86 千米，泰赣高速 60.2 千米，赣大高速 56.7 千米，瑞赣高速 117 千米，昆厦高速连接线 12 千米，鹰瑞高速 105 千米，石吉高速 132 千米，瑞隘高速 31 千米，瑞寻高速 124 千米。国省干线公路 2639.891 千米，国道 4 条，即 G105、G206、G323、G319，省道 15 条，农村公路 23670.671 千米。晴雨通车里程 25128.57 千米。

瑞金市在"十一五"期间共投入资金 1.97 亿元，修建村村通水泥路 569.6 公里，硬化新农村主干道路 220 公里，改造县乡公路 22.4 公里，渡改桥 13 座。截至 2010 年年底，瑞金市公路总里程 1611.455 公里，其中 319、323、206 三条国道境内总长 140.7 公里，县道 11 条 350.131 公里，乡道 3 二条 300.937 公里，村道 400 条 819.687 公里。截至 2010 年年底，宁都县公路总里程达到 2480.197 公里，其中高速公路 2 条 98 公里，国道 1 条 81.958 公里，省道 5 条 268.203 公里，县道

---

① 赣州市统计局：《2012 年赣州年鉴》。

11 条 278.438 公里，乡道 80 条 713.335 公路，村道 1040.263 公里。会昌县在"十一五"期间，交通基础设施建设也得到了很快的发展，赣龙铁路建成通车，鹰梅铁路规划路线会昌境内 38 公里；夏蓉高速公路、济广高速途径会昌 27 公里、57 公里；干线公路网中由 206、323 国道和 325、217 省道组成；会昌县境内有县道 8 条，总长 236.2 公里，乡道 335.3 公里、村道 684.9 公里、专用公路 19.7 公里。截至 2010 年年底，共建成铁路 20 公里，高速公路 27 公里、二级公路 166 公里、三级公路 58.8 公里、四级公路 1055.7 公里、等外公路 165.9 公里。截至 2010 年年底，长汀县公路总里程达到 1983.2 公里，其中国道境内总长 74.5 公里，省道 41.4 公里，县道 292 公里，乡道 1109 公里，村道 386.2 公里。

　　中央苏区交通服务能力大大增强，各县几乎都实现了 100% 乡镇和 100% 行政村通水泥路的目标，为人民出行和生产资料流通拓宽了道路。

　　但是原中央苏区交通运输方式单一，以公路运输为主，铁路等其他运力不足。甚至有些县交通运输完全靠公路承担，如宁都县，境内既无铁路也无水运。表 5.2 为"十二五"期间赣州市交通建设投资及新增用地匡算表，从该表中可以看出，赣州公路建设投资占总投资额的 99.16%。

表 5.2　　"十二五"期间赣州市交通建设投资及新增用地匡算表

	主要建设项目	资金（亿元）	合计（亿元）	新增用地（公顷）
公路	新建高速主骨架	247.1	385.98	305
	新改建主干线公路	53		1612
	新改建次干线公路（市至县、县至县）	1		20590
	新改建支线公路（县至乡、乡至村）	99		
水运	赣州枢纽港新建码头 1 个	0.98	3.26	69
	各县（市）港口新建各类码头 8 个	0.88		
	水运主通道和重要航道建设	0.9		67
	一般航道建设	0.5		

数据来源：《赣州市"十二五"规划重点课题成果汇编》

1996 年 9 月 1 日，京九线通车，这是经过赣南的第一条铁路，揭开了赣南铁路发展的序幕。2013 年，赣南苏区 25 个交通建设项目中，有包括昌赣、鹰瑞梅、赣韶等 6 条铁路客运专线新建项目，五洲大道下穿京九铁路框架桥和赣龙铁路 2 个扩能改造工程项目，赣州市火车站站前广场改造等站点改建项目①。

虽然交通运输条件有较大的改善，但是目前，运力不足，严重制约着原中央苏区的经济社会发展。

二　"断头路"多，配套资金缺口较大

调查结果显示，原中央苏区县与县之间缺乏统一规划，县级之间的道路连通就差"最后一公里"，各县的交通形成内循环，连接不上，不能连成更大范围通畅的路网，极大影响了原中央苏区交通设施建设的总体成效。例如章贡县的稼轩路和红环路；新干县的阳明路、善政三路和商贸路；瑞金城区的金二路东西延、桦林南路和龙珠北路等阻碍县域沟通的"搓衣板路"、"坑洼路"、"断头路"等。

此外，各省的高速公路规划和建设缺乏同步性，相邻省份建设工期不同（广东、福建告高速公路建设工期都为 3 年，而江西省建设工期为 2 年），例如赣大高速公路（三益—梅关）段，江西省赣州市 2007 年已建成通车，而广东与此对接的赣韶高速 2011 年才基本竣工，不能及时实现"无缝连接"，也导致高速公路路网功能没有得到有效的发挥。

近年来，由于中央的大力扶持，原中央苏区交通运输服务水平明显提升。江西省财政对"十二五"期间完成国、省道和农村公路建设任务的苏区、老区县（市）各增加 10%、5% 的奖励。然而，原中央苏区属于山岭重丘地区，公路施工较之平原地区难度大、投资多、成本高。上级补助资金不足建设成本的 50%，② 其余资金缺口需当地自筹资金。但是原中央苏区国家级贫困县多，经济发展相对落后，县级地方财力匮乏，乡村人均收入低，难以承担如此巨大的资金缺口，加之征用土地补

---

① 赣南苏区振兴发展项目库：http：//xmk. gzsdpc. gov. cn/xmk/czhcsjs/index_ 3. html.

② 中共江西省委：江西省人民政府关于贯彻《国务院关于支持赣南等原中央苏区振兴发展的若干意见》的实施意见。

偿低，地方协调工作难度较大，交通基础设施建设补助普遍存在历年旧欠问题，甚至出现修路反致贫现象。例如 2013 年 12 月，《江西日报》报道：乐平县 3 名农民于 2004 年承包了乐平市众埠镇松树岭至黄柏乡共树村 11.7 公里的农村公路。然而，当公路修好并验收后，景德镇市级配套的 93.6 万元资金拖欠 9 年不到位，使得三个家庭不仅为因修路能致富，反因此债务缠身。景德镇市交通局的回应是"近年来市级财政困难，目前很难支付工程款"。景德镇市政府曾作回复："鉴于 2004 年景德镇修建农村公路 520 公里，市级配套资金多达 3600 多万元，市政府决定采用 14 年分期付款的方式，以每年 260 万元支付 2004 年农村公路配套资金，目前已支付 9 年，剩下的仍需 5 年才完成。由于乐平市众埠镇松树岭至黄柏乡共树村农村公路属于 2005 年验收工程，该公路的市级配套资金需要到 2018 年之后才开始支付。"①

三　公路等级低，抗灾能力弱

由于穿越原中央苏区的国省道建设时间早，建设标准低，路基不牢，路面狭窄，线型较差，加上近年来车辆超限超载情况严重，大量道路存在超期服役现象，造成路面破损严重，部分路段甚至下沉变形。而地方财力贫乏，无足够的资金进行养护和修建，造成低等级的农村公路数量多，道路质量差，抗灾能力弱，严重影响车辆安全行驶，威胁民众安全，制约当地经济发展。

第一，功能集聚冲击薄弱的设施条件。原中央苏区县多为人口与功能最为集中的地区，一方面，老革命城区功能高度集聚不断冲击着薄弱的交通基础设施条件；另一方面，由于特殊的区位、用地布局、发展空间及交通出行特征，原中央苏区县交通基础设施的改造建设受到自然地理、历史文物保护等诸多因素的约束。例如，位于赣州开发区蟠龙镇西北方向的桃芫村，村里公路基本沿用原土路路基，傍山傍沟或傍田而建，大部分水泥路面达不到标准的 3.5 米宽，两车相向会车困难。而赣州市三大公墓之一的桃芫公墓，进出均需通过桃芫村，途径多为山路，

---

① 陈化先：《修路工程款拖欠 9 年未付清　乐平 3 农民因承包修建公路债务缠身》，《江西新闻网》：http://jiangxi.jxnews.com.cn/system/2013/12/04/012842685.shtml.

路面窄小，坡陡、泥泞，如遇雨天车辆根本无法通行。每逢清明、冬至祭扫时节，必然出现交通堵塞，当地交警部门、派出所都须派出大量警力进行疏导和交通管制。

第二，路面老化，年久失修。修建较早的公路，由于当时质量标准低，普遍存在路面老化。例如，穿越宁都境内的昌厦一级公路建于2000年，319国道始建于2001年；信丰到安西镇途径的X363线修建于1999年，已超期服役多年，沥青路面严重老化，加上寻泉高速施工重车的碾压、抛洒漏对路面的损毁以及强降雨的影响，整体路况较差。原中央苏区存在大量受损危桥、危道，因缺乏资金而无法返修。

第三，压缩投资，施工不当。对于原中央苏区县大部分农村公路，其建设的基本要求是以最少的投资建设适用的、便于养护、适用周期长的公路，这就容易出现材料短缺等资金问题。此外，道路施工建设多为私人外包，工人为了省时省力省钱，常常不顾工程质量，为原中央苏区县交通设施建设埋下祸根。例如，2011年赣州开发区蟠龙镇章甫返迁地9排1号前因挡土墙施工不当，导致周边居民房屋前的路面发生塌方，塌方宽度10.24米，最深处5米，房屋地面出现裂缝，危及周边居民房屋安全。

第三节　水利基础设施

一　初具规模，着力解决农村饮水安全和洪灾问题[①]

随着国家加大对水利基础设施的投入，中央苏区水利基础设施工程逐年增多，水利设施条件有所改善。"十一五"期间，宁都县已建成各类水利工程1.2万余座（处）。其中：大型水库1座，中型水库2座，小（1）型水库31座，小（2）型水库76座，山平塘5956座，引水工程6014座（其中重点中型工程1座，一般中型3座），提水工程345座，装机容量6979千瓦，机电井2座，装机容量32千瓦。水利工程年可供水量5.98亿方，占水资源总量的15.4%，全县水利工程农田设计灌溉面积64.9万亩，有效灌溉面积46.14万亩，有中型灌溉区4座，

---

① 数据来源：《2010年宁都统计年鉴》。

设计灌溉面积 9.03 万亩，有效灌溉面积 5.4 万亩，200 亩以上灌溉区
749 座，设计灌溉面积 34.75 万亩，有效灌溉面积 24.95 万亩，200 亩
以下灌区设计灌溉面积 21.13 万亩，有效灌溉面积 15.79 万亩。灌区现
有干、支、斗、农等固定渠道 7299 条，总长 4068km，排水沟 3673 条，
总长 2137km，现有水闸、渡槽、涵洞、倒虹吸、农用桥等渠系建筑物
共 10498 座。会昌县拥有蓄水工程 4006 座，其中中型水库 1 座，小
（一）型水库 19 座，小（二）型水库 47 座，蓄水量 10000 方以上山塘
95 座，10000 方以下山塘 3844 座，总库容 1.59 亿 m^3，设计灌溉面积
12.89 万亩，有效灌溉面积 9.94 万亩。全县有大小河流 319 条，均属
赣江上游贡水干流，总长度 2240 公里，建有圩堤工程 22 处，全长
10.7 公里，保护农田 8000 亩，保护农户 1157 户，人口 6000 多人。

　　现阶段，解决农村饮水安全和洪灾问题成为原中央苏区水利工作的
重要内容。为贯彻落实《国务院关于支持赣南等原中央苏区振兴发展
的若干意见》文件精神，江西将大力实施农村饮水安全工程，争取国
家加大投入，2014 年年底前解决赣州市农村饮水安全问题，"十二五"
末全面完成赣南等原中央苏区农村饮水安全任务。支持有条件的农村地
区发展规模化集中供水，扶持城镇供水管网向农村延伸。建立健全农村
水质安全监测系统，对农村集中式饮用水源的水质进行监测，确保饮用
水安全。加快实施城镇防洪工程，提高赣州和吉安、抚州市城镇防洪标
准，争取纳入国家补助范围。尽快开工建设上犹江引水工程和新干航电
枢纽，2015 年建成峡江水利枢纽。加快推进廖坊灌区二期、章江、万
安和南车灌区续建配套与节水改造，尽快完成病险水库除险加固，推进
病险水闸除险加固。加快江河主要支流及中小河流治理工程建设。建立
山洪地质灾害监测预警预报体系。[①] 广东省南雄市列出"十二五"期间
对接原中央苏区建设的项目清单，其中包括电力、公路、水利等重大项
目，总投资额超过 250 亿元。[②]

---

　　① 中共江西省委江西省人民政府贯彻落实《国务院关于支持赣南等原中央苏区振兴发展
的若干意见》的实施意见。

　　② 《中央苏区寻求以党史资源获批国家级区域规划》，《南都网》：http://epaper.oeeee.
com/A/html/2012－02/06/content_ 1564086.htm.

　　在各级政策帮扶下，原中央苏区水利基础设施建设迎来了发展高潮。在赣南苏区的中小河流治理工程中，涉及17个县（市），工程估算总投资342514万元，其中中央财政资金274011万元，地方财政资金68503万元。工程规划治理中小河流46条，共涉及治理项目135个，河道长度共计1265.1km，截至2013年4月，有58个已列入《全国中小河流近期治理建设规划》，已完成57个项目初设报告审查工作，已开工建设13个。主要建设内容为新建堤防、护岸、河道疏浚整治及穿堤建筑物等。治理项目完成后，预计保护耕地面积52.05万亩，保护人口158.57万人。又如，赣南苏区县（市）防洪工程项目，共有25个县城防洪工程项目和142个乡、镇防洪及农田防护项目，规划建设堤线长1074.2km，保护面积264.3万亩，保护人口418.5万人。①工程估算总投资516900万元，其中中央财政资金404500万元，地方财政资金112400万元。赣州中心城区防洪工程项目，拟新建防洪堤49.16km，工程估算总投资142580万元。其中，中央财政资金114064万元，地方财政资金28516万元。工程建成后，将使中心城区形成完整的防洪体系，保护城区面积76km²，保护人口68万人。截至2013年4月，已完成11段中的3段。

　　在解决农村饮水安全方面，赣南苏区有农村饮水安全工程，估算总投资103378万元。其中，中央投资82227.28万元、地方配套21150.72万元。拟建设农村饮水安全工程281座。其中，千吨万人供水工程146座，可解决农村饮水不安全人口224.26万人的饮水问题。截至2013年4月，已编制完成113座工程的实施方案（其中农村自来水工程50座），可解决饮水不安全人口91.08万人。原中央苏区在水利基础设施已初具规模，在建设过程中，主要关注和解决农村饮水安全、河道疏通及防洪抗灾问题，均已取得显著成效，极大程度提高了原中央苏区县人民的生活质量。

　　但是原中央苏区现有水利设施仍存在许多问题，水利基础设施的有效灌溉面积逐年递减。例如，会昌县2009年水利有效灌溉面积为15.435千公顷，2010年水利有效灌溉面积则减至12.924千公顷；宁都

---

① 《江西农田水利基本建设工作简报》：http://www.jxst.gov.cn/id.

县 2010 年水利有效灌溉面积为 32.63 千公顷，比 2009 年减少了 0.33 千公顷。①

原中央苏区水利基础设施有效灌溉面积减少的主要原因之一是水利基础设施老化失修严重，不能有效运转。原中央苏区灌溉水利用率不高，水量浪费严重，其原因有：渠道老化渗漏，甚至"断头渠"出现；大水漫灌的传统灌溉；群众节水意识不强；管理不到位。原中央苏区灌区绝大部分建于五六十年代，老化失修现象十分严重，完好率不足 60%，特别是包产到户后，灌溉效益大幅衰减，有效灌溉面积及旱涝保收面积较七十年代明显下降。一是病险水库、山塘较多，不能正常蓄水，无法发挥设计效益；二是渠道淤塞、渗漏严重，灌溉设施不全，水利用系数低，灌溉得不到保障。如原中央苏区某县石上海螺陂灌区，七十年代可灌莲湖等四个大队 2300 亩农田，现仅能灌莲湖和流坊的 1000 亩农田，有效灌溉面积减少 56.65%；三是机电灌排站损废严重，大部分已瘫痪，灌溉与排涝得不到保障；四是山塘淤泥严重，蓄水能力衰减。如原中央苏区某县田埠乡原有山塘 200 多座，现能发挥灌溉效益的不到 30 座。

二　资金缺乏，管理机制不完善

原中央苏区基础设施资金少，主要有以下四个方面的问题：

一是县财政投入相对不足。原中央苏区县级财力相当贫乏，因此水利投资基本上为国家、省级资金，农村水利投入严重不足。例如宁都县，80 年代初，县级财政投入每年投入小农资金 108 万元，从 80 年代末至 2009 年县级财政投入每年仅有 50 万左右。尽管中央、省、县和农民投工投劳等总投资将近 2 亿元。然而，却与宁都县农田水利工程建设与改造资金 8.93 亿元资金缺口相比相差甚远；

二是农民投资投劳处于严重滑坡状态。农村税费改革前，农民每年用于水利建设的义务工和积累工人均不少于 5 个，这样可以节省相当一部分资金用于水利建设和维护。但农村税费改革后"两工"全面取消，加之大量青壮年劳力外出务工，乡镇难以组织农民投工投劳参与农田水

---

① 《2009—2012 年江西省有效灌溉面积》：http：//www.chinabgao.com。

利基本建设；

三是涉水资金管理部门分散，难以发挥资金的最大效益。目前支农涉水资金种类繁多，发改委、开发办、国土、烟草、农业等部门都在开展农村水利工程建设，这些项目大都不必通过水行政主管部门的审核，缺乏统一规划，致使重点不突出，不是投入不足致使效益不能发挥就是重复投资造成浪费，整体效益不高。

四是争资争项经费少，争资也少。近年来，随着上级水利投入力度的不断加大，争资项目开发任务越来越重，但原中央苏区各县水利局行政规费明显偏少，机关工作经费短缺问题进一步加剧，这对争资项目开发工作形成严重制约。

此外，如何对现有资源进行有效管理也是原中央苏区水利基础设施面临的另一艰巨任务。"重建轻管"是农村小型水利工程长期以来普遍存在的突出问题，大部分小型水利工程管理主体不明确，许多工程出现轻管理或无人管理的尴尬局面。例如，原中央苏区某县除中型灌溉区和5座小型灌溉区有专门机构或有专人管理外，其他小型水利工程名义上由乡镇、村管理，但实际上常常处于无人管理的状态。很难组织开展像样的渠道清淤等面上的水利建设，导致设施提前老化，使用成本增加，利用效率降低。水利设施长期无法正常使用，进一步造成无人用无人管的局面，形成恶性循环。工程水费难以收取是一个突出问题。当前普遍存在农户不愿缴纳水费的情况，征收额逐年减少，征缴率低是各个灌区普遍存在的问题。如原中央苏区某县走马陂灌区：2011 年征收水费35.9 万元，2002 年征收 30.3 万元，2004 年征收 22.5 万元，2008 年征收 11.6 万元，费用总额无法维持管理单位正常运转，职工的工资得不到保障，更无力对工程进行维护。

第四节　城市基础设施

一　投资增多，城乡面貌焕然一新

根据城市快速发展的需要，在城乡规划建设事业上，原中央苏区县也不遗余力寻找资源，积极加大投入，城乡面貌焕然一新。例如 2010 年，宁都县县城建成面积达到 14.5 平方公里，城镇化率增长 2.7%，达到43.2%，城区近期建设实施控规率达到100%，建筑业完成总产值16.3亿元，同比增长10%。① 其中，基础设施建设投资10.2亿元。会昌县县城规划区总面积23平方公里，建成区面积达9.3平方公里，完成基础设施和项目建设投资总额达3.42亿元，城镇化率达42.5%。瑞金市2009年市政基础设施建设投入23920万元，2010年市政基础设施建设投入35728万元。

随着市政建设的投入加大，原中央苏区的城区绿化覆盖面积不断增加，公共车辆运营数也不断提高。例如，会昌县城区绿化面积2000年为185.1公顷、2005年为206.8公顷、2010年则增至395.3公顷。②

二　资金缺口大，设施年久失修

原中央苏区城市基础设施建设较为薄弱。随着城市化进程的加快，城市建设事业发展面临新的任务和挑战，城市基础设施建设压力攀高。原中央苏区许多基础设施建设老化，年久失修，使用价值逐渐下降，该现象在原中央苏区乡镇地区尤为突出，年久失修的城市基础设施不仅阻碍了经济的可持续发展，还会在人民的生活、生产方面造成一定的安全隐患。

城市名胜古迹和文体设施方面也面临着经费不足的问题。例如，位于江西省赣州市第一中学校内的光孝寺曾被誉为"赣南首刹"，被列为文物保护单位，与文庙和慈云塔隔街相望。然如今光孝寺年久失修，木梁虫蛀，雕梁画栋剥蚀斑斑，面临坍塌，给附近居民及学生的安全带来隐患。面临同样命运的还有沙河镇，经历了几百年沧桑，沙河镇留下了大批精美的古建筑，但是大多数已经年久失修。赣州市文物部门负责人表示，虽然市财政每年都有一定的拨款用以文物保护、维修，但是由于赣州市文物较多，经费仍然不足。所以，不可能对每一处有破损的文物进行维修。另外，赣州市宋城公园等中心城区众多公园内的健身器材年久失修，普遍受损严重。由于资金紧缺，需要修补的公园数量众多，面临较大的资金压力。

---

① 宁都县国民经济与社会发展第十二个五年规划（2011—2015）纲要：http://www.ningdu.gov.cn.

② 《江西省会昌县高标准提升开会杉线绿化通道》：http://www.forestry.gov.cn.

城市基础设施薄弱的中央原因之一是面临较大的资金缺口。原中央苏区县城市基础设施建设融资渠道有限，城市建设配套资金缺口较大，导致许多原中央苏区县基础设施建设难度大、建筑缓慢，城市基础设施相对滞后。

三　"重地面轻地下"，排水安全性差

在城市的建设过程中，我国长期以来存在着重地面、轻地下的现象，不注意排水的安全性。人们戏称这样的城市"地面上是 21 世纪的面貌，而地下却还是 20 世纪初的水平"。高质量的城市水管网系统是排水安全的保证，它能有效地防止发生内涝，从而不会对城市造成损失和破坏。但是原中央苏区许多城镇地下排水系统建设严重滞后经济发展需求，地下排水水管等级低，排水系统不合理，城市内涝问题十分严重，甚至有的是逢雨必涝，给生产和生活造成损失与不便。然而耐人寻味的是，赣州市在汛期许多城市发生内涝时，却因宋代建造的福寿沟排水良好，被人称为不会淹没的城市。

第五节　供电基础设施

一　线路大范围铺就，供电量不断翻升

原中央苏区的供电设施建设稳步推进，尤其是随着"新农村"建设，供电条件明显改善。"十一五"期间，瑞金市电网建设总投资 1.08 亿元，新建 110kV 变电站 1 座，新建 110kV 线路 9 公里，新建 35kV 变电站 3 座，改造 35kV 变电站 10 座，新建 35kV 线路 40.06 公里，新建 10kV 线路 224.6 公里，新建配电台区 140 台，新建低压线路 196.5 公里。售电量由 1.58 亿千瓦增加到 3.21 亿千瓦时，翻了 1 倍多；主营业务收入由 9828 万元增加到 21089 万元，翻了 1 倍多；固定资产总额由 15385 万元增加到 24091 万元，增长了 56.59%。最高用电负荷由 3.87 万千瓦增加到 9.48 万千瓦，翻了 1 倍多。① 会昌县供电公司累计完成农

---

① 江西省发改委：《瑞金市国民经济和社会发展十二五规划纲要》：http://www.jxd-pc.gov.cn.

村电网建设与改造及无电地区电力建设等投资 8177.02 万元，累计建设 110 千伏变电站 1 座，容量 40000 千伏安；110kV 线路 47.3 公里；新建 35 千伏变电站 6 座，主变容量 29600 千伏安，改造 35 千伏变电站 7 座，主变容量 5000 千伏安；新建 35 千伏输电线路 72.29 公里，改造 8.9 公里；新建、改造 10 千伏线路 297.53 公里，新建、改造配变 220 台，总容量 16530 千伏安；新建、改造低压线路 957.17 公里。五年来售电量完成 22797.36 万千瓦时，综合线损率完成 9.55%，主营业务收入实现 14162 万元。2010 年，宁都县完成供电量 32202 万千瓦时，同比增长 10.35%，完成销售收入 18826 万元，同比增长 9.13%，完成线损率 11.15%，同比下降 0.11 个百分点，电费回收率 100%。2010 年长汀县完成售电量 42179.70 万千瓦时，比增 22.79%；实现利润总额 34.65 万元；可控三费 1516.50 万元；资产负债率 54.2%，比降 19.49%。电费回收率 100%；综合线损 9.7%，比降 0.79 个百分点。"十一五"间，投入电网建设资金累计 1.576 亿元，新建 10 千伏开闭所、35 千伏和 110 千伏变电站各 1 座，35 千伏及以上变电容量累计增容 104.4 兆伏安，输电线路由 248.7 公里发展到 288.46 公里，10 千伏配电线路由 2783 公里发展到 2896 公里，长汀电网依托 220 千伏策武变实现 110 千伏供电网络由链式结构转变为环网结构。①

2013 年，赣南苏区拟新建瑞金、赣州东（红都）500 千伏输变电工程项目，扩建赣州 500 千伏、会昌百乐 220 千伏变工程项目，以及新建石城县、崇义县、安远县、于都县 220 千伏输变电工程项目，还有会昌燕子窝、赣县新饭店、章贡区和乐、瑞金金星、龙南临塘、上犹万罗 220 千伏输变电工程变电工程项目。

另有连通各县的店里工程项目，如抚州至赣州东（红都）500 千伏线路工程项目。该工程拟建在石城、宁都、瑞金 3 县（市），打通赣州电网与省网的第二条 500 千伏电力输送通道，加强赣州电网与省网的联络，进一步完善赣州 500 千伏电网主网架。还有武汉—南昌—赣州 1000 千伏特高压交流工程项目，已列入国家电网"十三五"规划，估算总投资 1000000 万元，下一步争取将赣州特高压交流输变电

---

① 数据来源：会昌县、宁都县国民经济和社会发展十二五规划纲要。

工程列入国家电网"十二五"规划。更有直接、小范围造福民众的工程项目：赣州中心城区110千伏及以下输变电工程项目、信丰花园等16个110千伏输变电工程项目、章康新区城市供电网络改造项目、章康新区城市供电网络改造项目、赣州市农网改造升级工程项目等。

二　用电需求压力增大，安全生产隐患较多[①]

原中央苏区以前因工业欠发达，工业用电量相对较少，总体供电量能够基本保证。但随着农村用电量的急剧增加以及工业经济的发展，电网铺设，尤其是电力农网建设严重滞后于经济社会的发展需求，供电压力越来越大。

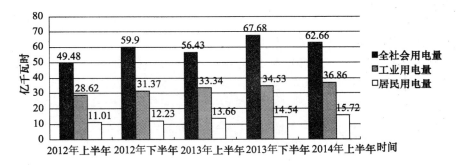

图5.5　2012—2014年赣州用电量变化情况

数据来源：赣州统计年鉴。

如图5.5所示，从2012年上半年至2014年上半年，赣州市居民用电量稳步提高。其中，2014年上半年全社会用电量达29亿千瓦时，同2013年下半年比增长11.05%，工业用电量74亿千瓦时，同2013年下半年比增长10.6%，居民用电量44亿千瓦时，同2013年下半年比增长15.14%。飞速增长的用电需求量使得原中央苏区电力基础设施捉襟见肘。又如宁都县，目前电网仅有2回110千伏线路、3回35千伏线路及8回10千伏线路与赣州主电网联网，特别是北部乡镇小水电站多，

---

① 数据来源：赣州统计年鉴。

变电站布点少，小水电上网都是通过 10 千伏线路输送，存在电力输送卡脖子问题。居民生活水平的提高和家电下乡拉动农村居民生活用电保持高位增长，原中央苏区县供电出现新的瓶颈。

原中央苏区县多以传统农业为主导产业，工业起步慢、规模小、总量少，地方财政十分困难，"吃饭财政"都难以维持，更无法投入大资金进行基础设施、公共服务设施建设与资源的开发。而大规模电网铺设历时较长，工程较大，资金花费较高，政府囊中羞涩，最终导致原中央苏区县"抢修小电网"，依靠旧网翻新和小型电网为生，而这就存在着大量的安全生产隐患。一是电网不够牢固，电网网架结构薄弱，影响电网的安全稳定运行；二是电网设备缺陷、外部运行环境和恶劣天气影响因素不断增多，电缆设施保护十分严峻，违章建房、违章施工、盗窃和破坏电力设施的现象时有发生；三是各级人员安全责任得不到落实，安全压力层次衰减。因此，为满足不断增长的用电需求，为人民群众尤其是农村居民提供更安全稳定的供电环境，牢固安全生产基础，促进工业经济的又好又快发展，原中央苏区需要大力改造旧有落后电网，保障供电的安全性。

第六节　邮政电信基础设施分析

一　业务量逐年递增，设施配备基本齐全

原中央苏区邮电通信事业发展加快，例如，长汀县邮政业务总量 2005 年为 1227 万元，2009 年达到 1945 万元；邮政局（所）数也由 2005 年的 25 所增至 45 所；电信业务总量 2009 年达到 16795.25 万元。住宅电话年末用户达到 79000 户、乡村电话用户达到 61460 户、移动电话年末用户达到 74500 户、网络用户达到 10100 户；宁都县 2009 年有邮政 24 个营业网点，其中，农村 19 个，县城 5 个，3 个农村邮政代办所。现有在岗员工 162 人，邮运车辆 6 辆，县城投递段道 9 条，农村邮路 60 条。截至 2009 年，宁都有固话 56317 部，ADSL 用户 11216 户，LAN 拥有 4049 部等；瑞金市 2008 年完成邮政业务收入 1863.61 万元，连续 3 年增长率达 18% 以上；会昌 2010 年全年完成业务收入 1452 万

元，比去年同期增长 11.2%。①

原中央苏区的邮政和通信服务能力相对其他基础设施而言较好，邮路几乎通到各个行政村和自然村，基础设施配备基本齐全。而电信业务也在城乡较普及，业务量逐年递增，基础设施配备基本齐全，基础设施平台建设逐渐趋于完善，铺设了大量信息网络工程。以福建省为例："数字福建·宽带工程"之无线宽带覆盖及提速工程（2013—2015），总投资 45 亿元，继续拓展 3G 网络覆盖，其中全省乡镇实现 3G 网络100% 覆盖，沿海发达乡镇和行政村实现连片覆盖。全年新增 3G 基站3000 个。

二　网点建设空白点较多，业务发展不平衡

然而，原中央苏区邮政网点建设仍存在许多空白点，许多偏远地区政策尚未落地，聚集关键资源的能力有限，原因是对外开放水平低，以及现有经济基础薄弱和社会服务事业落后，难以引进国外和区域外的各项要素资源，尤其是人才、先进技术和管理等创新资源。例如，赣州市邮政局下辖 17 个县（市）局，共设内部机构只有 28 个，自办邮政支局所仅 289 个，邮政农资服务网点只有 1400 处，单程总长度也只有3577 公里，难以覆盖全市所有县，尤其是偏远的乡镇农村。②

此外，原中央苏区县大量邮政网点面临着服务任务繁重、业务量小，收支严重入不敷出的发展困境。企业负担沉重，几乎无力支撑。而信报箱建设也缓慢，在符合通邮条件下应安装信报箱的安装率不到50%。例如，宁都县目前符合通邮条件下应安装信报箱 32000 只，现安装 13300 只，安装率只有 41.5%。原因是新开发商务楼、住宅楼的邮政服务配套设施建设不全，致使居民信报、邮件妥投问题长时间难以得到及时解决。大量的邮政业务业务主要依靠金融业务和农资业务拉动，报刊、包裹等业务还存在缺口，业务发展不很平衡。例如"十一五"期末，赣州市邮政企业（邮务）、邮储银行、速递物流三大板块业务收入规模达到 5.5 亿元，其中企业（邮务）收入占 64.55%，邮储银

---

① 《振翅腾飞的赣州邮政》，《中国邮政》2007 年第 10 期。
② 数据来源：2011 年赣州统计年鉴。

行收入占 29.63%，速递物流收入却仅占 5.82%。

第七节　教育基础设施分析

一　教育投入不断增加，教育设施有所改善

随着国家对义务制教育和学前教育的重视并加大投入，原中央苏区的教育基础设施也得到进一步改善，校舍等系列教育机构数量明显增加。例如，截至 2010 年年底，瑞金市有各级各类学校 224 所。其中，普高 1 所，完中 3 所（含私立 1 所），九年一贯制学校 1 所，初中 26 所，完小 189 所（另有小学教学点 61 个），职业学校、特教学校、教师进修学校、公办幼儿园各 1 所。校园占地面积 260.86 万平方米，校舍建筑面积 65.24 万平方米。会昌县有各级各类学校 255 所。其中，小学 222 所（包含 45 个教学点）、一贯制学校 4 所、初中 19 所、完全中学 2 所、普通高中 3 所、职业高中 3 所、教师进修学校 1 所、公办幼儿园 1 所。2009—2010 学年，长汀县共有普通中学 29 所、职业中专 1 所、小学 75 所、幼儿园 65 所、特殊教育学校 1 所。截至 2011 年，宁都县共有各级各类学校 364 所。其中，高级中学 1 所，完全中学 3 所，初级中学 19 所，九年一贯制学校 12 所，十二年一贯制学校 3 所，完全小学 13 所，村小 125 所，教学点 69 个，职业技校 1 所，教师进修学校 1 所，特殊教学学校 1 所，机关幼儿园 1 所，民办学校 11 所。①

二　校舍危房多，教学设施不足

由于地方财政有限，原中央苏区中小学危房比例大，危房改造任务艰巨，校舍安全形势严峻。例如，宁都县 2009 年 8 月全县有校舍危房 952 栋，危房面积 25.71 万平方米，占校舍总面积的 34.71%。截至 2010 年 10 月，全县仍有 356 栋校舍存在较大安全隐患，建筑面积 12.12 万平方米，占校舍面积的 16.35%，其中仍在使用 345 栋，停止使用 11 栋。瑞金市校舍建筑总面积 65.24 万平方米，危房面积就占 33.5 万平方米，达到 51.35%，其中，D 级危房 11.6 万平方米，C 级

---

① 数据来源：2011 年赣州统计年鉴。

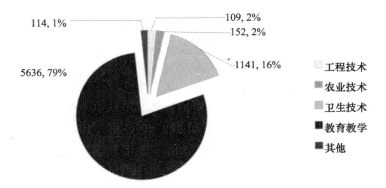

图 5.6　宁都县 2012 年专业人才结构分布图

危房 12.77 万平方米，B 级危房 9.07 万平方米。[①]

　　原中央苏区许多县处于边远山区，教育基础设施薄弱，学前教育严重滞后，幼儿园极少，学校配套设施不全、"大班额"现象普遍和师资整体学历不高。尤其在乡镇地区，一是原中央苏区中小学学校厨房、厕所、围墙等附属设施及寄宿制学校配套设施仍然不足。农村学校教学仪器、电教设备和图书资料装备标准不高，教育信息化水平较低，教学质量与城区学校差距大。大多数农村小学教师学生无宿舍，教师只能集体办公，边远乡镇的住宿学生只能在大教室睡通铺，或者寄宿于附近亲戚家中。中小学无厕所、无专用浴室、无厨房、无热水、缺学生用床的比例很高。例如，瑞金市还有 37 所学校无校门，37 所学校无厕所，116 所学校缺围墙（总长 2.6 万米），瑞金市小学有住宿省 3390 人，但仅有学生用床 715 套，按每床 2 人计算，缺口 980 张学生用床。二是"大班额"现象普遍。农村义务教育薄弱学校改造工程由于资金没有落实，许多项目无法如期开工建设，城区学校大班额现象依然存在。随着城镇化建设加快，城区的人口剧增，入学学生的数量增多，现有的城区教育资源难以满足实际需求。此外，教师队伍建设仍需加强，由于城乡待遇和福利水平存在的较大差异，不少原中央苏区教学水平高、教学经验丰

---

① 《赣州市中小学校舍安全实施方案》，赣市府办字（2009）213 号：http://www.
fsou. cnm.

富的中小学教师流向发达地区。

第八节　卫生基础设施分析

一　医疗机构数量逐增，优惠政策效应显现

随着我国医疗卫生体制改革深入，卫生基础设施建设投入增多，原中央苏区卫生服务能力也逐步提高。截至 2010 年年底，会昌县现有医疗机构 24 所，其中，政府办非营利性医院 23 所，卫生院 20 所。宁都县现有医疗机构 33 所，其中卫生院 25 所，营利性医院 3 所。[①] 在 2013 年的赣南苏区卫生医疗振兴项目库中，涌现出大量新建医疗卫生院、检验所：赣州市人民医院新院、赣州市儿童医院、瑞金及龙南精神病医院、赣州市康复医院、大余县职业病医院、赣州市食品药品检验检测中心及瑞金、龙南区域性食品药品检验所、赣县中医院、安远县第二人民医院、上犹县新区医院、会昌县公立中医院、会昌县妇幼保健院等。

原中央苏区医疗卫生补助和优惠政策普及率不断提高，医疗卫生体制改革成效渐显。截至 2010 年年底，宁都县共有 579759 人参加新型农村合作医疗，参合率为 82.58%；2010 年度宁都县共补偿农民医药费 6862.9 万元。其中，门诊补偿 63391 人次，补偿门诊费用 443.84 万元；住院补偿 53527 人次，补偿住院费用 6417.15 万元；资金使用率达 85.17%，一次性报账率达 93.5%，补偿比为 41.54%，总收益面积 20.16%。又如瑞金市，截至 2010 年 10 月，获得补偿的参合农民共计 8.91 万人，占参合农民总数的 18.36%，补偿总金额 4498.43 万元，其中获得 5 千元以上大额补偿的农民 997 名。新农合统筹基金使用率达 77.70%，一次报账率达 92% 以上。截至 2010 年 10 月，未发生甲类传染病，共发生乙类、丙类传染病 13 种计 174797 例，总发病率 266.05/10 万，控制在国家规定范围内。瑞金市累计完成 65 岁以上老年人保健 27370 人次，完成健康档案建档人数 138229 人。[②]

---

① 《赣州市医疗机构设置规划（2012—2020）》：http：//www.jxgzus.gov.cn.

② 数据来源：根据宁都县、瑞金市卫生部门提供的资料整理。

二　涨幅需求加大医疗压力，人口老龄化挑战资源配置结构

涨幅需求包括人口绝对值增长和人们健康意识的提高。以赣州市为例，截至 2011 年年末，赣州市省属三级综合医院 1 所，病床总数 780 张，病床使用率却高达 114.6%，市属三级综合医院 1 所，病床数 700 张，病床使用率也高达 109.5%，远高于国家规定病床使用率 93% 的上限，严重超负荷运转；区属三级综合医院 1 所，病床 520 张，病床使用率为 74.2%，低于国家规定病床使用率 85.0% 下限。2011 年市域常住人口 916 万，据《赣州市国民经济和社会发展第十一个五年规划纲要》中的关于 "年均人口自然增长率控制在 8.2‰" 发展预测：到 2015 年，赣州市常住人口将达 950 万，2020 年 1000 将达万人。随着市域人口总量持续增长，带来医疗总需求量的增大。而且，随着新医改与医疗保障体系的建立和完善，人们的保健意识增强，对医疗卫生保障水平也有了更高的需求。据卫生统计报表反映，赣州市各级各类医疗机构诊疗病人总数 2006 年为 1004.62 万人次，2011 年为 3226.54 万人次。年均增长率为 26.3%。这无疑与城乡医疗保障制度的推行有关。到 2011 年年底，全市城镇居民基本医疗保险基本实现全覆盖，农村居民 "新农合" 参合率为 96.37%。此外人们健康意识不断增强，对体检也越来越重视。进入 21 世纪以来，各级医院健康体检人数以年均 20% 的速度增长，今后若实现居民 1～3 年体检一次，医疗卫生服务需求量将会倍增。这将对原中央苏区医疗保健基础设施建设带来巨大的压力。

原中央苏区的人口结构也挑战着原始资源配置结构。例如，赣州市人均期望寿命 74.0 岁，城市老龄化、高龄化趋势加快，2011 年，60 岁以上老年人数为 115.50 万，占总人口的 12.6%，超过老龄化社会 10% 的标准，65 岁以上老年人数为 80.15 万，占总人口的 9.02%，也远超过老龄化社会 7% 的标准，老龄人口比重的不断上升，使老年医疗和护理的需求日益增加，这对医疗服务和医学急救提出了更高的要求。[1]

---

① 《赣州市医疗机构设置规划（2012—2020）》，《赣州市卫生局》：http://www.jxg-zwsj.gov.cn/XinWenZhongXin/StaticHtml/zcwj/20131012/201310122ac97a3b39f17dc8.html.

第 六 章

公共服务能力视角下的原中央苏区
基础设施建设问题成因分析

基础设施建设与政府公共服务能力分不开。下面从政府服务能力视角，对原中央苏区在基础设施建设中存在的问题进行分析。

第一节 规划能力不强，基础设施建设
目标设计不科学

科学规划，合理定位，是加强基础设施建设，提高其服务效能的前提。原中央苏区政府在区域经济社会发展中起着引导和服务的关键作用。在资源环境约束条件下，如何对道路、水利、电力、邮政、市政等基础设施和学校、医院等进行合理布局，直接影响着辖区居民享受公共服务的数量与质量，影响着区域经济社会的发展。原中央苏区县在基础设施建设方面，一定程度发挥了政府的规划作用。但由于主客观原因，当前原中央苏区政府规划能力差强人意，主要体现在以下几个方面：

一 规划编制理念偏差

理念支配行为，制定规划必须要有正确的理念。但是，在制定规划时，有些政府主要领导对规划制定缺乏系统科学的思维，头痛医头，脚痛医脚，甚至受政绩考核的影响，热衷于面子工程和看得见的工程，忽视隐形工程。以市政基础设施为例，许多政府主要领导多关注于地面工程，如亮化与绿化工程及道路改造等，而对于地下的防洪排涝设施却不

够重视，因此每当下大雨时，许多城镇便往往成为泽中之国。

有些县规划时热衷于形象工程、面子工程，耗费大量资金，追求高大上的建设工程，如豪华广场、大型标志性建筑等。如2010年8月31日原中央苏区某市举行了竣工庆典仪式的"和谐钟塔"，被疑投资过大和政府形象工程而引起全国网友争议不断。据介绍，该塔楼高113米，外观9层，内部安装了目前世界上最大的机械塔钟，表盘直径达12.8米，钟声传输距离达3公里，是目前世界上最大的机械塔钟，后因舆论压力而拆除了部分外围建筑。此外还有许多被称作当地"标志性文化工程"的、投资过亿的某地图书馆，馆里几乎看不见几个读者，且很多读者进来后还感到头晕——地面是平的，但窗户居然是斜的。更有媒体报道，某城市计划投资40亿元打造新的非物质文化遗产公园，而原有的非物质文化遗产公园投资超过10亿元、使用才不到3年。江西某市斥资1.6亿元，建设了一组包括汤显祖大剧院、博物馆、图书馆、文化广场的建筑群，剧院建成后遇冷，无法维持运转。①

有些市县在进行新区建设、城市改造时，对群众基本的服务设施缺乏规划。如公共停车场所考虑欠缺，造成群众停车困难，影响出行；对地下管网建设缺乏统一规划，造成城区管道不断翻新，市民抱怨"挖了三年，挖了又挖埋了又埋，管子样子都换了好几种"，严重影响了人们日常出行，更被网民戏称为"挖城"。对信报箱等小服务设施忽略，许多县在符合通邮条件下应安装信报箱的安装率不到50%。如调研中有不少市场抱怨新开发商务楼、住宅楼的邮政服务配套设施建设不全，致使居民信报、邮件妥投难，问题长时间难以得到及时解决。某县在符合通邮条件下，应安装信报箱32000只，实际却只安装了13300只，安装率仅41.5%。

二　府际协调不畅

在调查中发现，对县域经济社会发展的政策环境和县情把握不准，对群众的多层次需求分析不足，政府之间合作意识淡薄或虽有合作意向但受制于体制障碍，导致规划不科学或难以落实，是许多原中央苏区县

① 胡庆：《多地亿元建文化场所政协委员痛斥"面子工程"》，《江西政协新闻网》：http：//jxzx. jxnews. com. cn/system/2011/03/10/011605474. shtml。

都存在的问题。

水利和交通运输基础设施中的"最后一公里"现象就是原中央苏区府际合作不畅，没有实施统一规划的具体体现。原中央苏区一些在修建大型跨县域基础设施建设时，因缺乏协调，工期等难以对接。致使基础设施建设成果只能实现小范围、县域内循环，而未能利用原中央苏区连片式集群分布的地理特点，形成规模，形成网络，产生集成效应。如在原中央苏区比较著名的"最后一公里"、"断头路"就有稼轩路（章贡）、红环路（章贡）、阳明路（新干）、金二路东西延（瑞金），以及320国道安源段、319国道安源段、220国道草林至双溪段、314省道樟排线明月山至黄芽岭、222省道宋水线罗溪至石境等路段。

三　规划征询效率不高

随着民主建设进程的加快，从政府到公民参政的意识越来越强。原中央苏区在规划征询方面也取得了一定的工作成果。例如，赣州市2011年按照"服务人性化、管理精细化、制度设计科学化、全面覆盖数字化"的要求，召开了专家论证会、数字城管第一阶段三维数据普查项目公开招标工作，编写的《数字化城管建设工作实施方案》科学性可行性能，获得认可。数据普查项目完成普查区域的初级车辆测绘、社区级的行政区划划分及对现有数据的处理转换，数据普查已出初步成果，受到好评。又如，上饶县构建了政府规划意见箱等网络咨询平台，并于2011年持续开展了民众关注度较高的"治脏、治乱、治堵"专项治理，拆除违法违章建筑82处，面积1.2万平方米，规划建设浩和庄园、清华苑、桂花园等精品住宅小区，县城建成区面积9.82平方千米，实现了城镇化率41.6%，提高了2.7个百分点。

但是编制的规划在具体征询公民意见时，存在征询时间短、征询规划的必要信息公开不充分等问题。虽然原中央苏区市、县都建有政府网站，也公开了许多政府信息，但是网站上作为规划征询的所必须拥有的信息却是不充分的，再加之对规划提出建议也常常需要一定的专业知识，因此大多数公民未能有效地行使自己的权利。

事实证明，如果政府决策能够充分听取群众意见，将会更加科学合理并受到群众的欢迎。如2004年，南康市准备采取股份制模式建一座占地上千亩、容纳上万学生的"教育城"。但是,群众反映"教育城"规模过大,脱离城区中小学生就近上学的实际。南康市广纳民意,及时调整"教育城"建设方案,确定建设占地几百亩、可容纳5千名学生的"新南康中学",这样既解决了城区学校超负荷的状况,又盘活了其余闲置资产,受到干部群众的好评。

第二节 资源汲取能力弱,基础设施建设财力不足

恩格斯形象地指出:"财税是喂养政府的奶娘。"政府财力是提供公共服务的基础,资源汲取能力的大小直接影响基础设施建设的质与量。政府投入财力支持,相应产出了一批批便民基础设施。但当前资源汲取能力也存在政策资源不足、基础设施投资增长缓慢以及公共服务方式创新不足等问题。

一 投资增长缓慢,配套资金不足

政策资源不足,地方财力薄弱基础设施投资增长较为缓慢。我国20世纪90年代实行分税制,在取消农业税、农业特产税及乡统筹和村提留后,县乡财政则明显减弱,主要依靠中央财政转移支付。如果中央财政转移支付不能足额及时到位,加之我国地方经济发展的不平衡,使得县级政府,特别是欠发达地区的县级政府缺乏足够的财力资源提供公共服务和公共物品。虽然现在实现了"省直管县"体制改革,县财省管,减少了中间环节,提高了县财政能力。但是,由于原中央苏区大多数县是国家级贫困县,经济基础薄弱,工业不发达。因此,在没有享受到更多的税收政策的情况下,与东部和中部其他地区的财政实力差距越来越多。在国家现有政策对于相关建设资金都需要当地财政配套的情况下,当地财力不足,难以提供配套资金,缺乏配套资金又减少了争取国家基础设施建设资金的机会,形成贫者愈贫富者愈富的马太效应。在固定资产投资中,基础设施占很大比重,2009年原中央苏区43个县[①]。固定资产投资情况就充分表

---

① 注:中央苏区范围在2009年国家尚未对其明确的范围界定,因此这是当时关于中央苏区县范围比较一致的观点,数据来源于各县2010年统计年鉴。

明原中央苏区基础设施投资不足，影响了基础设施建设。见表6.1。

表6.1　2009年部分原中央苏区县人均社会固定资产投资与全国比较表①

地区	人均全社会固定资产投资（元）	与全国人均固定资产投资（16830.18元）比较	全社会固定资产投资占地区生产总值的比例	与全国比较（69.32%）
上犹县	4 516.67	−	54.70%	−
崇义县	4 285.71	−	28.19%	−
安远县	2 654.05	−	37.23%	−
宁都县	3 389.61	−	40.60%	−
于都县	4 456.00	−	59.97%	−
兴国县	5 232.47	−	62.17%	−
会昌县	3 229.17	−	43.09%	−
寻乌县	5 483.87	−	65.69%	−
石城县	4 832.26	−	73.07%	+
瑞金市	2 432.72	−	29.46%	−
黎川县	14 150.00	−	132.24%	+
广昌县	5 270.83	−	79.26%	+
信丰县	6 104.17	−	62.29%	−
建宁县	19 893.33	+	85.06%	+
泰宁县	25 430.77	+	83.63%	+
宁化县	13 222.22	−	98.88%	+
清流县	17 886.67	+	76.50%	+
明溪县	18 933.33	+	85.38%	+
长汀县	7 030.00	−	48.36%	−
连城县	10 548.48	−	55.79%	−
上杭县	9 798.00	−	45.22%	−
永定县	6 310.42	−	32.01%	−
武平县	9 629.73	−	57.88%	−
漳平市	17 353.79	+	57.94%	−
平和县	3 922.41	−	31.38%	−

① 数据来源：《2010年赣州统计年鉴》，《2010年国家统计年鉴》，中国统计局，2010.

地区	人均全社会固定资产投资（元）	与全国人均固定资产投资（16830.18元）比较	全社会固定资产投资占地区生产总值的比例	与全国比较（69.32%）
诏安县	4 803.39	－	35.03%	－
将乐县	20 311.76	＋	78.33%	＋
沙县	35 088.00	＋	102.24%	＋
光泽县	6 062.50	－	33.22%	－
武夷山市	38 960.53	＋	158.91%	＋
邵武市	24 590.76	＋	83.43%	＋
建阳市	19 637.17	＋	100.29%	＋
浦城县	12 457.14	－	95.27%	＋
南靖县	11 228.57	－	43.92%	－
龙岩市	14 793.59	－	52.61%	－
龙岩市辖区	42 047.69	＋	58.73%	－
大埔县	2 542.59	－	35.21%	－
梅县	5 769.35	－	33.16%	－
饶平县	3 969.31	－	35.12%	－
南雄市	7 038.46	－	69.48%	＋
平远县	2 911.54	－	26.00%	－
兴宁市	2 157.89	－	29.81%	－
龙川县	4 988.30	－	60.81%	－

注："＋"表示高于全国平均水平，"－"表示低于全国平均水平。

表6.1显示，有32个县的人均固定资产投资低于全国人均固定资产投资水平，占原中央苏区县的75%，有27个县的全社会固定资产投资占地区生产总值的比例低于全国全社会固定资产投资占地区生产总值的比例，占原中央苏区县的63%。

二　重招商轻稳商，影响民间资本汲取

招商引资是汲取非公资本、促进地方经济社会发展的重要渠道。从实践来看，招商引资政策不仅引进了资金，而且也引进了先进的管理经验，有力地推动了招商地区的经济发展也包括基础设施事业的发展。但是，部分原中央地方政府观念保守，有狭隘的地方主义和红眼病等毛病。在招商时千方百计说服投资者前来投资，甚至给予一些违反国家规定的离谱的"优惠待遇"，但是企业一旦投资了，则变脸人们形象地把这一做法讥讽为"开门招商、关门打狗"。如有一港商2003年在某县招商引资政策的吸引下，前往当地投资，全额整体地将当地某选矿有限公司受让下来，由于管理得当，公司很快扭亏为盈。但到2008年，"蜜月期"随即戛然而止。当地镇政府以双方合作到期为由，要求该港商交出铁矿采矿厂公章、采矿许可证等证件，并责令该矿停产。而后单方面宣布收回采矿厂并转包给他人。① 类似现象，在一些地方时有发生。

此外，招商政策稳定性差、不连贯，没有一个"准章程"，官员的流动导致"换人换政策"等问题，也挫伤了企业投资的积极性，甚至导致企业撤资。原中央苏区某县某家企业，在当时来投资时，锣鼓喧天，宾客盈门，主要领导亲临现场剪彩致辞。但是，企业在投资数千万元后，当初给企业大力支持的县领导调走了，当地政府当初招商时承诺的一大串优惠政策在企业投资落地后几乎没有兑现，现被迫半停产。人走茶凉，政策因此泡了汤，这样的现象不在少数。

还有的地方盲目追求招商引资的数量，为争引项目，急功近利，在土地、税收政策优惠以及利润回报等方面给投资商以不切实际的承诺，甚至越权承诺、违规承诺。招商却不安商，一旦违规行为露馅，不仅那些不切实际的承诺难以兑现，还会给企业的发展带来损失。另外，对于一些前期投资周期长、资金回笼慢的项目，由于政府投资时期错位，加上缺少配套设施，致使许多企业为了规避风险而拒绝投资，更有由于融资难而即将面临倒闭的中小企业，或者有些企业已经卷起铺盖含泪走人。

第三节　资源配置能力欠佳，资源利用率低

目前，在原中央苏区基础设施资源配置能力不佳，主要表现为未能

---

① 罗竖一：《"关门打狗"的根源是政府服务意识弱化》，《华声在线》：http：//opinion. voc. com. cn/article/201107/201107291556598591. html.

发挥市场在资源配置中的决定性作用。高投入低产出，投资效率不高以及资金分散，未能有效整合使用，造成基础设施不能适应经济社会发展的需要。

一　市场机制引入不足，投融资渠道不宽

长期以来，关于公共服务的争论主要就是围绕三个问题而展开：提供什么？提供多少？如何提供？前二者是关于公共服务产品的品种、数量、质量问题，后者是涉及公共服务提供的机制问题，是关于政府与市场的功能划分问题，也是资源配置中制度的选择问题。一般认为资源的有效配置和优化有三种基本制度安排：以效率为核心的市场经济、以公平为前提的计划经济和兼顾效率与公平的混合所有制经济。公共服务产品多，差异性大，政府和市场在公共服务中各有利弊，政府的优势在于通过政治过程确定公共服务的目标、数量、标准以及规则，并运用监管、补偿等办法保证执行，其拥有的行政权力使得其能够组织市场不能自动提供的纯公共物品的生产。而市场的优势在于竞争所带来的生产及服务的高效和对市场回应的灵敏。

基础设施建设，既要在规划时关注公平，合理布局，但是在建设中也要关注投资效率，重视市场在资源配置中的作用。引入民间资本参与基础设施建设，是有效缓解政府财力不足的重要途径，也是许多其他国家的实践做法。

当前原中央苏区在创新公共服务方式、拓宽融资渠道、调动多方资源、发展开放型经济等方面也进行了不懈的努力，并取得了一些经验和成效。如赣州市，为拓宽交通建设筹资渠道，提出了四大融资理念：第一，要转变交通投融资思路，即由以往政府投资行为转变为社会投资行为、由交通单一筹资变成为市场多元筹资、由政务性融资转变为非政务性融资。第二，改革投融资的方针、策略和机制。坚持"地方筹资、省市配资、社会融资、利用外资"的方针和"内资与外资并举、直接投资与间接投资并举、确保重点，集中资金打歼灭战"策略。第三，拓宽投融资渠道。运用"信用工具"，扩大资金规模，以收费公路和交通规费作抵押，承担必要的风险，筹集资金；运用"上市公司"，增加资本总量。通过股份经营方式，吸纳有影响、有实力的上市公司认股，

募集资金，投入交通基础设施建设；运用"合资合作"，扩大资金来源。与出资方共同投资建路，效益按比例分成，共担风险，共享盈利；运用"盘活存量"，引进经营资产。对已投资项目，通过扩股、增股、转让等方式，开展资产经营，盘活存量，拓展投资空间，不断实现资产的保值增值。把投资者从单一投资型转向资产经营型，实现资本的最大效益。第四，加强投资管理。从交通建设开始，全过程加强投资管控，组织招标和财务监理，大幅度降低投资额。

但是，当前原中央苏区政府在提供公共服务方面仍然存在一些问题，主要是缺乏有效激励机制吸引民间资本参与基础设施建设投资。政府财力有限，不堪重负，政府在转让公共服务职能时却疏忽自己的监管责任，公共服务不到位，群众不满意。基础设施所需资金主要由财政预算安排，但国家和地方政府对基础设施建设的财政投入只能勉强填补"吃饭财政"缺口。尤其对于有历史发展短板的原中央苏区而言，地方财政拖欠处于"滚雪球"状态。由此，亟需激发民间投资的效能。以福建省为例，中央、省和县三级政府基础设施投资比例为 8.5：11.2：79.3。此外，随着农村税费改革的推进，县、镇（乡）基层政府在制度外获得资源的空间大为缩小，基层政府财政显得更为紧张，在缺乏上级财政转移支付的情况下，一些地方政府对农村基础设施供给逐步减少。由此，只能寄希望于民间投资。[①]

二 资源分散，产出不高

由于行政管理体制的原因，对同一资源配置往往涉及多个部门，不能协调统一。有限资源被分散，降低资源的使用率。政府人力资源的公平—效率价值观、对党和国家政策的理解、认同以及管理能力都深刻影响着资源配置的方式和内容。县级政府资源的配置既包括宏观资源配置，也包括微观资源配置。宏观资源配置是政府将资源在不同地区和不同领域的配置，如现阶段政府重点加大对农村公共服务的投入，加大对教育、医疗卫生、养老等基本公共服务的投入。微观资源配置能力，则是政府

---

① 刘海燕、刘继生：《中国农村基础设施建设投入不平衡性研究》，《地理科学》第30卷第6期，2010年第12页。

为完成某地区或某领域的某一项具体目标，而对人力资源、物力资源、财力资源、信息资源等的配置。显然政府微观资源配置和企业资源配置相似，主要受管理者的管理水平影响。调研发现，县级资金品种多，来源广，但是数额少，因此办不成大事。以水利资金来源为例，涉及农业局、扶贫办、水利局等多个部门关于水利建设和维修的资金，各部门所分配的资金数量不多，分散使用，效率低。再如财政支农资金是农业基础地位政策的体现和农业投入的具体实现形式。党和政府虽然不断增加财政支农资金，但是，目前财政支农资金如农业基本建设投资、农业科技支出、支持农业生产支出、农业综合开发资金等使用分散且交叉重复并存，影响了资金使用效果。究其原因，主要有以下两个方面：一是农业的多功能性和农业发展政策的多目标性。农业发展既要考虑到实现食物供给、生产资料供给、资源的合理利用和环境效应，又要考虑到农民增收、农村稳定。这些政策目标要具体到每个农业职能部门来实现，这就必然导致国家财政支农资金要分配到相对应的农业职能部门。二是体制转轨的不完全性。我国现行的财政支农政策都是从传统计划经济体制下延续下来，支农资金的科目分类、管理体制都是以部门块块为主。财政支农资金分属多个部门管理，各部门对政策的具体理解、执行和资金使用要求各不相同，政策之间缺乏有机的协调。目前发改委、科技、财政和农业各部门之间以及各部门内部机构之间分配管理的财政支农资金分配上基本上是各自为政，资金使用分散和投入交叉重复，资金使用效率不高。

为了改变项目小、资金少且投放分散的现状，提高财政资金的使用效率，全国各地许多县都进行了有效资金整合路径的探索，并取得较好的成效。蒲城县从"规范资金管理、强化工作职责、简化办事流程、提高办事效率、增强透明度"入手，修订完善了13项相关财政制度，内容涉及专项资金的项目确定、拨付程序、绩效评价和运行透明等。在财政项目的实施上，蒲城县按照"保障重点、集中使用"的原则，坚持"渠道不乱、用途不变、捆绑使用、统筹安排、各记其功"，对财政专项资金进行适度整合。即：将财政专项资金分为支持经济发展类资金、支持社会事业和民生发展类资金、支持社会公共管理类资金三大类。根据专项资金的具体使用方向、产出效益，结合县域经济发展规划和县委、县政府年度重点工作，统筹使用，优化整合。2013 年，该县通过资金整合等方式，筹措资金用于全县重点项目建设 2345 万元，充分发挥财政资金"四两拨千斤"的作用，投入财政资金 4292 万元，撬动社会资本和金融资金 4.1 亿元，用于城市道路、绿化亮化、重点示范镇基础设施等公益性项目建设，有力地夯实了县域经济社会发展基础。

　　原中央苏区县也在创新思路，进行资金整合，花小钱办大事。如南康市，甜柚是该县农民发家致富的"摇钱树"。但发展方式多为农户自主开发，零星分散，形不成规模效应。2008 年，市政府进行全省财政支农资金整合，规划了龙回科技农业示范园区、朱坊返乡农民创业园、赤土——横寨循环农业示范园三大万亩以上的甜柚产业园区。此后每年均制定年度实施方案，科学有序推进财政支农资金整合，加强农业基础设施建设，支持甜柚发展工作。过去涉农部门"各扫门前雪"，上面有多少资金，就干多大的事。现在通过对涉农资金整合，统筹考虑，花小钱办大事，促进该市甜柚农业品牌的形成。

　　但是，目前在原中央苏区进行类似上述有效资金整合的县并不多，在基础设施建设方面就更少了。

第四节　执行能力偏低，目标完成质量不高

　　执行能力是将基础设施建设目标得以实现的关键因素。原中央苏区政府执行力度或有提高。例如，2011 年万安县政府抓住了年初时段，万安水库库尾枯水期的有利时机，迅速组织实施赣江万安枢纽库尾白涧滩航道浅滩整治工程，抓紧在汛期前完成了 11 座堤坝的工程施工任务，执行力度赢得民众赞许。但总体而言，目前在原中央苏区基础设施建设中，仍存在配套资金缺乏、基础设施建设目标部分达成和人才资源不足、影响基础设施建设及后续服务效率等问题。[①]

一　配套资金缺乏，执行不完全

　　在基础设施建设目标中，上级政府拨付资金时，基本上都要求地方政府予以相应的资金配套，这两者的资金是基础设施建设项目的总投

---

①　数据来源：2011 年赣州统计年鉴。

资。原中央苏区在国家倾斜振兴政策的扶持下，开展了许多重大基础设施建设项目工程。令人欣慰的是，大部分原中央苏区县都纷纷出台了相应的重大项目执行制度，一定程度保障了政府的执行力度。但是，由于原中央苏区县财政薄弱，外引资源不多，虽然千方百计自筹资金，但还是缺乏足够的配置资金。因此，导致各重大基础设施建设项目或者一再延期，或者规模与质量打折。

如宁都县，围绕建设赣南北部区域性中心城市的目标，成立城区重大项目建设指挥部，按照"一个项目、一个责任领导、一个责任单位、一个项目工作队伍（以下简称"项目办"）、一揽子抓到底"的项目建设推进机制，建立"城区重大项目建设指挥部—责任领导—责任单位—项目办"四个层次的责任主体，并建立包括调度制度、监督制度、协调机制三大主体在内的城区重大项目建设工作机制，实行"一周一报告、一月一调度、一季一通报、一年一考评"的项目建设调度机制，由县监察局牵头，会同县委、县政府督察室等部门组成督导组，采取听汇报、查资料、看现场等方式，每月组织一次对城区重大项目建设现场督导，全面掌握上一月各项目建设情况，及时形成督导报告，并针对项目建设过程中存在的，责任单位领导不重视、责任落实不到位、工作措施不力、推进进度缓慢等问题提出督导意见，上报指挥部审核后下发督导令，实行挂号督察，限时解决，再行销号。①

然而，即使拥有完善的重大基础设施建设执行制度，没有配套资金的支持，基础设施建设目标也只能部分达成，原中央苏区基础设施发展缓慢。2013 年，中央水土流失治理扶助资金，从 20 世纪 90 年代均不到 100 万元，提高到目前的年均 400 多万元。但由于物价上涨，治理成本增长过快，治理面积并没有增加，年均治理面积不到 20 平方公里，相对于水土流失的县来说，远远不能满足需求。

二　人才资源不足，执行难

在各种基础设施建设过程中，涉及各种专业技术人才和大量的人力

---

① 《中共宁都县委办公室宁都县人民政府办公室关于加速推进城区重大项目建设工作的意见》（宁办发〔2001〕）号。

资源，由于原中央苏区经济状况较差，很难吸引和保留专业技术人才，甚至本地的人力资源大量外流。人力资源队伍不稳定，影响基础设施建设的进程。

首先，人力资源建设环境有待优化。部分地区、单位和个人对新形势下人力资源建设的重要性和紧迫性的认识不是很到位，重自然资源开发轻人力资源开发、重项目引进轻人才引进的现象还比较普遍。在人才的选拔、培养、使用上，仍存在重"身份、学历、资历"的现象；在鼓励、激励现有人才发挥才能的工作机制上不够灵活，配套措施不够完善；人才流动环境、机制不够健全。

其次，人才队伍整体素质水平不够高。一是高层次创新型人才数量偏少。高层次人才仍较匮乏，产业、项目、发展环境等对高层次人才的吸引能力还不是很强，尤其是支柱产业、重点产业等经济领域的高层次人才不足，配套政策体系还不够完善，有些引进来的人才留不住，有些留下来的人才还没有用好用活，人才聚集效应未能充分显现。二是人才分布不太均衡。专业技术人员主要集中在教育、卫生领域，作为经济、社会发展急需的矿产、房地产、建筑、科研等方面人才却很紧缺。以2012 年原中央苏区某县人才结构为例（见表 6.2）。

表 6.2　　　　　　　2012 年原中央苏区某县人才分布表

项目			合计（人）	学历（单位：人）			
				研究生及以上	大学本科	大学专科	中专及以下
人才总量			48450	26	2308	3930	42186
党政人才			1939	6	428	871	634
专业技术人才		总人数	7152	20	1875	2555	2702
		其中：高级岗位数	532	12	302	201	17
	专业类别	工程技术人员	109		22	41	46
		农业技术人员	152	1	28	39	84
		卫生技术人员	1141		91	472	578
		教学人员	5636	19	1732	1951	1934
		其他	114		2	52	60

项目	合计（人）	学历（单位：人）			
		研究生及以上	大学本科	大学专科	中专及以下
经营管理人才	1615		5	436	1174
技能人才	21560			53	21507
农村实用人才	16184			15	16169

数据来源：《赣南苏区原中央苏区某县人才工作状况汇报材料》

上表中，截至 2012 年年底，人才总量 48450 人，其中研究生及以上人数只有 26 人，仅占总人才数的 0.05%，中专及以下学历有 42186 人，占了总人才数的 88.3%。高尖专人才缺乏的另一个原因在于，人力资源市场配置作用未能充分发挥。主要表现在：高级经营管理人才、专业技术人才没有完全进入市场，高校和企业之间缺乏有效沟通的互动平台；现行的某些政策限制了人才的引进，用人单位在引进有特殊本领但学历、职称偏低的人才时，常常遇到政策瓶颈；高端人才中介服务还相对薄弱，人力资源集约化开发能力不够强。人力资源中介组织管理不规范，承载人力资源中介、转移的办法措施不多。

原中央苏区是苏区精神的发源地，曾孕育了以"密切联系群众、关心群众生活、注意工作方法"为核心的苏区干部好作风。当年"有盐同咸、无盐同淡"的干群鱼水关系深植于干部和群众心里。知识经济时代，领导干部不仅要有好的作风，也要不断学习，不断提高工作能力。然而，许多领导干部借口工作忙，不重视学习，即使参加培训，也是热情不高，处于"被培训"状态。未能及时接受新兴知识经济的填充，难以跟上时代发展的脚步，在实际工作中难免"有心无力"。

第 七 章

原中央苏区基础设施公共服务能力影响因素分析——基于"5×1"系统分析模型

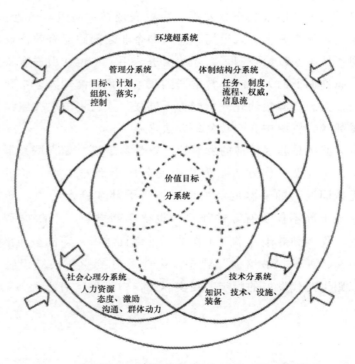

图7.1 卡斯特和罗森茨韦克的"5×1"系统分析模型

基础设施和公共服务能力建设是一项要素众多、结构复杂、功能多样、涉及面广的系统工程。我们运用美国系统管理理论的主要代表人物卡斯特和罗森茨韦克的"5×1"系统模型分析原中央苏区基础设施公共服务能力的影响因素。

这一模型认为，作为社会的一个分系统的组织，由 5 个分系统即价值目标分系统、体制结构分系统、管理分系统、技术分系统和社会心理分系统构成。这 5 个分系统和谐统一、相互促进，并与环境超系统保持动态平衡，就能使组织系统释放出最佳的功能、产生最优的绩效（见图 7.1）。

第一节　行政环境对公共服务能力建设的影响

行政生态学理论认为影响一个国家公共行政的五种重要生态要素有经济要素、社会要素、沟通网络、符号系统、政治构架。美国组织理论家弗莱蒙特·E. 卡斯特认为组织一般环境的特征体现为文化特征、技术特征、教育特征、政治特征、法制特征、自然资源特征、人口特征、社会特征和经济特征。显然上述要素与特征也影响着原中央苏区基础和公共服务能力的建设。结合中国国情，本书认为影响原中央苏区的行政环境主要是政策环境、经济环境、法律环境、社会文化环境这四个变量，如图 7.2 所示。

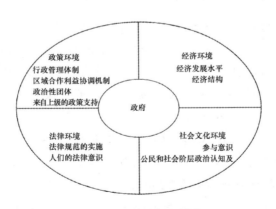

图 7.2 行政环境示意图

一　政策环境

"政治是在一定的经济基础上，人们围绕着特定利益，借助于社会公共权力来规定和实现特定权利的一种社会关系。在社会生活中，政治的具体外延形态主要体现为政治行为、政治组织、政治制度、政治文化。"① 对原中央苏区政府公共服务能力产生影响的政策环境具体包括行政管理体制、区域合作利益协调机制、政治性团体、来自上级的政策支持等。

（一）行政管理体制

随着行政管理体制改革进一步深入，政府职能不断转变，管理体制也不断理顺，提高了公共服务能力。

一是推进政企分开、政资分开、政事分开、政府与市场中介组织分开，发挥市场在资源配置中的决定性作用，把属于市场管理事情交回给市场，专注于履行政府的经济调节、市场监管、公共服务和社会管理四大职能，发挥公民和社会组织在社会公共事务管理中的作用，更加有效地提供公共产品。原中央苏区县（市）政府也不断加强自身建设，政府工作的重心主要围绕着四大职能特别是公共服务和社会管理展开。公共服务的数量和质量都有明显的增加和改善。

但是毋庸置疑，原中央苏区各个县（市）仍然程度不等地存在责权不一致；职责不清，岗位设置不合理；上下级政府职责同构，缺乏县域特色；市场在资源配置的决定性作用发挥不够，特别是基于购买和生产、掌舵与划桨的区分，把所要提供的公共产品和服务通过竞争或委托的方式交由民（私）经济承担方面严重不足。调查发现，原中央苏区基础设施建设基本上是属于政府投资模式，运用 BT 融资模式的不多，运用 BOT 融资模式的就更少，许多县没有一项 BOT 模式运作的项目。

二是调整垂直管理体制，推进"省直管县"体制改革。江西省2005 年将赣州市的上犹、宁都、于都、赣县、兴国、会昌、安远、寻乌 8 个原中央苏区县列为县财省管改革试点县，2007 年新增南康、信丰、定南、全南、瑞金、石城 6 个原中央苏区县为试点县（市）。"省直管县"财政体制改革试点，使这些县市财政收入质量明显提高，但同时也出现了一些问题，主要是财政体制与行政体制的冲突，即在事权

---

① 王浦劬：《政治学基础》，北京大学出版社 2005 年版，第 8 页。

与财权上的不一致没有完全解决。2014 年，江西省正式启动省直管县体制改革试点，赋予试点县（市）行使与设区市相同的经济社会管理权限，规划直接上报、计划指标直接单列、统计数据直接报送、证照直接发放、政策直接享有、财政体制执行省直管财政体制。6 个县（市）被明确为试点，其中瑞金市、安福县、南城县三个原中央苏区县在列。省直管县体制改革，减少了行政层级，提升了政策信息沟通速度和政府决策效率。[①]

（二）区域合作利益协调机制

随着经济一体化、信息一体化，交通的便利，人口、资源、产品、信息、技术等每天都在快速流动，中国已成为名副其实的流动中国。地方政府不仅在某个公共项目或工程中可能会越过当地政府的职责范围，常常需要有合作机制来协调各方利益，而且也需要府际合作，实现资源优势互补、公共利益共享、经济共赢、共同发展的局面。人们越来越认识到，要更好地治理地方公共事务，需要将视野扩展到地方政府与其他横向和纵向政府的合作。我国从改革开放以来实施了诸多区域合作战略，与原中央苏区有关的主要有：2003 年提出的"泛珠三角"地区经济合作、2004 年提出的中部地区崛起战略和 2011 年提出的海峡西岸经济区。其中范围包括广东、福建、江西、湖南、广西、海南、四川、贵州、云南 9 省（区）政府和香港、澳门特别行政区的"泛珠三角"区域合作机制对原中央苏区的经济社会发展起着重要的促进作用。尤其是泛珠三角区域合作的两大平台——泛珠三角区域合作与发展论坛和泛珠三角区域经贸合作洽谈会较好地发挥了促进区域合作的作用，推动了泛珠三角经济的发展，包括原中央苏区的经济发展，呈现出"规模大、增长快、质量好"的态势。[②] 这种合作利益协调机制的建立，较有效地协调"泛珠三角"区域合作与发展中利益分配，减少了包括原中央苏区在内的各省（区）之间的利益冲突，畅通了省际交流的"瓶颈"，同

---

① 江西省发展改革委：《江西省正式启动省直管县体制改革试点》：hppt//www. sten. com.

② 《泛珠三角区域合作框架协议》提出着重在基础设施、产业与投资、商务与贸易、旅游、农业、劳务、科教文化、信息化建设、环境保护、卫生防疫等十个领域推进区域合作。

时又使得各地区的优势得以互补。农产品通过"绿色通道"可以顺利打入"泛珠"市场；泛珠三角区共同策划和推广区域精品旅游线路，树立区域旅游形象，打造区域旅游品牌；实现"无障碍"游等；制定区域环境保护规划，加大珠江流域特别是中上游地区生态建设力度，强化区域内资源的保护，提高区域整体环境质量和可持续发展能力等等。在泛珠三角区域合作框架的引领带动下，广东已成为与江西实施合同项目最多、投资额最大的省份之一。至 2010 年年底，在赣的广东企业总数已超过 3 万家，投资总额超过 1000 亿元；其中项目投资 5000 万元以上的达到 330 多家，合同总额超过 700 亿元。

上述区域合作在一定程度上促进了原中央苏区县的经济社会发展。但是，中部地区崛起战略目前实质性的合作项目并不太多，海西经济区的合作主要涉及福建省原中央苏区县和江西部分原中央苏区县，"泛珠三角"区域合作关注的重心不在原中央苏区。因此，这些区域合作有一定的局限性，原中央苏区县聚集成块状分布，文化和自然条件相似，具有很强的合作必要性和可行性。但是，缺乏有效的合作协调机制、统一的基础设施建设规划和长效的利益协调机制，基本上是各自为政，合作范围和领域少，降低了公共服务能力特别是基础设施的服务能力。

（三）政策支持

公共政策是组织政治活动的结果，也是公共组织施加影响的工具。来自上级的政策支持决定着公共服务特别是基本公共服务的价值取向、对象及内容。① 政治环境对原中央苏区政府公共服务能力的影响是根本性的。如国家在基础设施、项目安排、扶贫开发以及其他政策等方面，对原中央苏区县予以"同等优先"照顾。具体包括将原中央苏区列入国家重点扶持地区，全部原中央苏区县（市、区）享受国家扶贫开发重点县政策扶持；加大资金扶持力度；扶持原中央苏区重大基础设施建设，优先安排原中央苏区铁路和高速公路建设等；扶持原中央苏区产业发展；加大对原中央苏区社会事业建设投入，参照国家中西

---

① 李晓园：《当代中国县级政府公共服务能力及其影响因素的实证研究基于鄂赣两省的调查与分析》，中国社会科学出版社 2010 年版，第 69 页。

部地区政策予以扶持。① 上述政策对于原中央苏区生产生活条件的改善、农村扶贫开发、劳动力转移的推进、经济建设的发展都起到了不可替代的作用。

但是原中央苏区经济基础薄弱、基础设施落后、城镇化水平低，虽然在党和政府的关怀下，取得了较大的发展，但是与发达地区的经济社会发展水平的差距却越来越大。这其中很重要的原因之一是原中央苏区在2012年以前获得的政策支持力度不够，在某种程度上甚至可以称之为国家政策边缘区，江西省原中央苏区的南部和东部均获得了中央赋予的"先行先试"的政策，其他革命圣地也获得了优于原中央苏区的特殊政策，从而获得更好的发展机遇。如同样是自然条件欠佳，经济基础薄弱的中国革命圣地陕甘宁边区政府所在地延安，由于享受到诸多如税收返还、地方政府可以开采油田等政策支持，因此发展很快，经济综合实力明显增强，在全省率先建立了较高覆盖和保障水平的城乡最低生活保障制度，率先在全市范围内全面实现了免费义务教育，率先在全市范围内全面推行了新型农村合作医疗制度和城镇居民医疗保险制度。2012年党和政府给予了原中央苏区更大的关心和支持，出台了一系列振兴原中央苏区的政策，这必将大大促进原中央苏区经济社会发展。

（四）政治性团体

又称政治社会团体，它"是以政治任务为中心，代表一定社会群体的利益，参与国家政治活动的组织"。② 公民和社会团体组织会影响县级政府公共服务决策，政治性团体的参与能使部分公共组织以强有力的集体行动参与公共决策，对公共服务的规划、资源配置产生影响。如原中央苏区存在着工、青、妇等各专业协会、民盟、基层工会组织等各式各样的社会团体。在实践中这些社会团体组织向公共服务决策部门表达自己组织及成员的利益诉求，对县级政府公共服务的决策施加影响，在政府与社会组织、政府与公民的互动中出台的公共决策将协调各方利益，更易于执行和取得更好的执行效果。但是目前这些社会团体特别是

---

① http：//finance. ifeng. com/topic/lianghui2009/news/20090303/415491. shtml.

② 杨光斌：《政治学导论》，中国人民大学出版社2000年版。

专业协会没有发挥出应有的作用。

二　经济环境

影响政府公共服务能力的经济环境是指影响区域公共行政的区域经济发展水平、经济体制、经济结构、经济利益等因素。在我国现行政体制下，对县级政府公共服务能力和基础设施建设起主要影响的是区域经济发展水平。

原中央苏区的经济基础直接影响着政府公共服务的财力资源。当地经济环境越好，经济越有序发展，则越有利于提高政府公共服务的财力和效率，有助于基础设施建设。然而原中央苏区基本上处于经济塌陷区，如赣州人均 GDP 只占全国的 20%，全省的 60% 左右，在经济社会发展中存在着一些突出的问题，主要体现在：总体经济发展水平较低；群众生产生活条件差；社会事业发展缓慢，欠账较多；县乡财政困难，村级集体经济薄弱，降低了政府公共服务能力水平，影响基础设施建设，导致基础设施严重滞后于当地经济社会发展水平。

三　法律环境

法律环境主要是指影响公共行政的社会法制系统及其运行状态。包括法律制度、司法执法机关、法律意识，即法律制度及实施、人们的法律意识。

法律制度引导规范人们的行为，法律意识是人们对法律制度的认识和评价，这些认识和评价最终都会物化为一定性质的法律行为，并产生一定的法律后果，从而构成政府行政的法律环境。如果有具有时代精神和切实可行，且比较完备的国家和地方法律法规来规范和引导政府及公民的行为，有健全的民主制度、完善的行政制度、公正的司法制度和有效的监督制度来保障政府依法行政，从政府到公民都普遍具有很强的法律意识，立法机关依法立法，执法机关依法行政，司法机关依法独立司法，公民依法活动，显然这样的法律环境是有利于政府从事公共行政活动的，并提高公共行政效能的优良环境。同时，人们对政府的认识依赖于政府的行为，取决于在公共服务中政府行为是不是依法行政，是不是客观公正，是不是以民为本，切实解决群众的困难，是不是能促进当地经济和社会的发展，人民群众能不能得到实惠等。

原中央苏区是红色文化的主要发源地，苏区人民对党和政府有着特别深厚的感情，遵守法律法规意识较强，这对基础设施建设有着积极的影响。

四　社会文化环境

社会文化环境主要是指影响政府公共服务的县域人口状况、结构、社会阶层、社会中权力结构的形成和变动、居民生活及工作方式、教育程度、风俗习惯、宗教信仰、价值观念等。社会文化环境对基础设施和公共服务能力建设的影响主要体现在以下几点：

第一，原中央苏区人口的状况和结构影响基础设施项目需求。原中央苏区大多数县人口不多，其中又以农村人口为主。许多客家人居住在山区，村落规模小，人数少，出行不便。因此，交通问题、农业设施问题是其关注的公共服务。如崇义县有个畲族村，位于山区，全村人口只有360人，出行不便。因此，花费1200万元修建一条公路方便该村居民出行，显然这条公路的修建是基于社会效益而非经济效益。

第二，原中央苏区的政治文化影响政府公共服务能力。政治文化是人们在特定时期形成的一种政治态度、信仰和情感。美国政治学家加尔里埃尔·A.阿尔蒙德认为政治文化是从一定思想文化环境和经济社会制度环境中生长出来的，经过长期社会化过程而相对地积淀于人们心理层面的政治态度和政治价值取向，是政治系统及其运作层面的观念依托。[1] 因此，1956年他首次提出公民文化（Civic culture）的概念，认为："一个协调的政治结构可能是一个与文化相适应的结构。"[2] 换言之，全体人口的政治认知可能趋于准确的地方，其情感和评价就可能趋于赞成。赞成的情感与评价促进公民理性而积极参与公共政策决策，同时公民在参与中也对政府政策制定的理念、原则有了更多的了解，从而

---

① 转引黄湘莲：《公民文化与民族精神的重构》，《中州学刊》2007年第7期，第133页。

② 〔美〕加尔里埃尔·A.阿尔蒙德·西德尼·维伯，徐湘林译：《公民文化》，华夏出版社1989年版，第23—24页。

支持政府工作，公民的支持提高了政府公共服务能力，提高了公共服务质量，增加了政府公信力，政府公信力的提高进一步加深了公民积极的政治情感与认知，从而形成良性循环。

原中央苏区在战争年代就对中国革命抱有极大的热忱，有着爱党爱国的优良传统，对中国共产党和红色政权有着深厚的感情和无限忠诚，这种政治情感一方面表现为积极支持和参与政府的公共政策决策，任劳任怨；另一方面也表现为政府的依赖。各地不同程度地存在着"等、靠、要"的思想，影响了公共服务能力的提高，影响了基础设施建设。

第二节　政府人力资源的价值目标对公共服务能力建设的影响

行政价值理念对政府工作人员拥有强大的影响力，它是政府这一特殊组织的组织文化的核心，是政府软实力的重要组成部分，是行政组织在一定的社会文化背景下所形成的共有的价值体系。政府行政文化除受社会制度影响外，还深受本土文化与城镇外来文化、传统文化与现代文化的影响。原中央苏区行政价值理念则深受苏区精神和当地传统文化影响。

一　苏区精神激励基础设施建设主体发挥更大的作用

中央苏区是土地革命战争时期，中国共产党创建的最大最重要的革命根据地、中华苏维埃共和国临时中央政府所在地，中国共产党在此为争取中华民族独立与富强文明艰苦奋斗，浴血奋战，建立了红色政权。在革命根据地的创建和发展中，在探索革命道路的实践中，这块红土地孕育出了"爱国主义、坚定信念、求真务实、一心为民、清正廉洁、艰苦奋斗、争创一流、无私奉献"的苏区精神。这种精神不仅有助于形成苏区人民自立自强的精神品格，增强了群众凝聚力、向心力，而且有利于建设诚信奉献、服务社会、服务人民的行政文化。这种积极的行政文化将为人民服务的价值观"内化"为政府工作人员的心理和态度，激励公务员开拓进取、矢志不渝，有利于提升公务员对党和政府的忠诚度，提高其公共服务目标的达成度。苏区精神也是一种思想上的约束力量，通过协调和自我控制来规范政府人力资源的行为，减弱刚性约束对员工心理的撞击，以软规范弥补法律规章刚性制度的不足，诱导政府人力资源自觉遵守法律法规及其他制度规范，从而对规范政府人力资源的活动，提高政府公共服务能力效能产生重要影响。

二　本土文化中的消极思想阻碍了公共服务能力的提高

原中央苏区县，多坐落于边远的山地丘陵，交通不便，与外界接触较少，因此市场意识不强，保守，求稳怕变，创新精神不足，主动作为意识不够，存在"等、靠、要"思想。工作作风简单粗暴，不够细致耐心。显然这些消极思想必然会影响公务员的公共服务行为，影响公民公共服务满意度，影响党和政府在人民群众中的威信。正如，2014年7月17日，会昌县审计局领导班子成员在民主生活会上，所指出的各自在工作作风中存在问题"存在畏首畏尾、不敢担当、怕负责任的思想，不敢理直气壮坚持原则"、"有'一言堂、家长制'作风"、"艰苦奋斗精神不足，有畏难情绪"、"态度不端正，缺乏工作责任心"、"你工作底数不清、方式方法简单"、"你身上有股奢靡之风，花钱大手大脚，不节制、不节约"、"你太爱面子，把名利看得过重，把保先进、保红旗看得过重，没有准确理解科学发展观和正确的政绩观"、"你作风散漫"。[①] 这些问题的存在正是不正确的行政价值理念在工作中的体现。

因此，我们必须对当前县级行政文化积极因素进行总结、提炼和倡导，废除其消极思想，进一步塑造苏区政府正确的行政价值观，在法律框架内创造出一条适合本区域特色的治理之路。

第三节　组织结构分系统对公共服务能力的影响

组织结构是一个组织内各构成部分或各个部分间所确立的关系的形式。它是组织的环境与其内部各个系统转换过程使用的技术、从事各种不同任务人员之间的关系和计划、控制管理系统之间的纽带或网络。

---

① 案例改编自：赣州市人民政府网．http://www.ganzhou.gov.cn/zwgk/zwdt/qxdt/201407/t20140721_810291.htm.

组织结构分系统的要素包括组织任务、制度、流程、权威和信息流五个要素。组织结构的设计必须以组织的目标、战略和任务为依据，遵循分工与协作、权责对等、统一指挥和精干高效原则。因事设岗，因岗设人，岗位职责明确，制度健全，流程明晰、顺畅。

一　组织结构同构严重，公共服务地区特色不足

原中央苏区政府职责与上级政府职责同构严重，体现出当地特色的部门与岗位不足。一般来说，上级政府设立什么部门，下级政府也要有相应的部门予以对接。但是由于各地具体情况不同，上级政府面向对象更广，设立部门考虑的是整个管辖范围的综合情况，而下级政府则有自己的具体情况，因此必须除了要有对接上级领导部门的机构外，还应当有指导、管理、服务于地方特色的机构，从而更好地促进区域特色经济的发展。比如，某县矿产资源丰富，是该县的经济支柱产业，则应当设立相应的管理机构，如矿产资源管理局，再比如，原中央苏区享有党和政府予以的优惠政策，如何用好用活政策，就要有专门的机构来考虑。随着行政管理体制的进一步改革，目前这种上下级政府组织机构完全同构的现象有所改变，一部分县根据县域经济社会发展情况设立了相应的管理机构，从而加强了公共服务的针对性，提高了公共服务能力。

二　多头管理，资金分散，降低了资金使用效益

调研中发现，县乡基层政府一些部门之间职责不清，基础设施建设中的政府管理缺位、错位、越位和权责脱节、职能交叉、推诿扯皮、效率低下等问题依然突出。特别是基础设施建设中的管理体制不顺畅，多头管理现象严重，导致资金使用效率低。如在道路建设方面资源来源有扶贫路、水保路、农业综合开发路、林业路及交通部门规划的路；水利方面有农业综合开发的水利、水利部门的水利等。各管理部门按照各自的标准和要求建设、验收，资金分散，重复建设和标准不一，不利于大项目的建设，而且还造成基础设施建设成本加大，影响了项目工程质量。因此，必须进一步优化政府组织结构，规范机构设置，理顺部门间职责分工，健全部门间协调配合机制，提高基础设施建设效率与公共服务能力。

第四节　政府管理水平对公共服务能力建设的影响

管理包括计划、组织、领导与控制四大职能。政府管理水平高低直接影响公共服务的水平和质量。

一　管理科学性不够，拍脑袋决策现象时有发生

科学的本质是实事求是，从客观存在出发，探寻自然现象和社会现象固有的规律。政府管理科学化指的是政府管理既要符合科学，有效地履行管理四大职能，符合成本效益原则，同时又要符合人民群众的利益，要符合可持续发展战略的要求，从政府基础设施建设来看，管理科学化就是要把握好国内外行政环境特点，把握辖区内公民和社会对基础设施建设最迫切的需求，做好基础设施建设规划，使之符合发展变化着的实际情况，遵循基础设施项目建设的客观规律，有效地配置资源，发挥群众参与公共服务的主动性和创造性，提升公共服务能力，建设高质量的基础设施项目，实现效率和效益双优。

从整体来看原中央苏区各级政府管理水平不断提高，特别是随着公务员队伍包括主要领导队伍的知识化和年轻化，管理新思路、新方法不断出现，管理效能不断提高。如赣州苏区通过"财政引导，农民主体，社会捐助"的方式，推进新村镇建设。5 年来整治20 户以上村庄13770个，对 GDP 的投资直接贡献率达 2.23%，不仅解决了新村镇建设中的"灯下黑"问题，而且为进一步推进农村工业化、城镇化和转移农村富余劳动力提供了良好的承接载体。

但是在实践中，政府管理存在许多不科学的地方，增加了管理成本，未能较好地实现管理目标。政府管理不科学主要体现在基础设施建设决策不科学，缺乏规划或规划常变动、执行决策时计划性不强、工作流程缺乏或者设计不合理、对工作过程控制不够等问题。以决策为例，有的领导靠经验做决策，拍脑袋定项目等政府决策不科学等问题。有的领导没有在思想上真正树立民主决策的理念，形式大于实质，表面是集体决策，实质上还是一言堂。也有领导的好大喜功，明知有不利的决策后果，

但是放大决策后果的有利之处，缩小决策后果的不利之处，执著错误决策，片面追求政绩；还有的领导学习不够，视野不开阔，对决策事项缺乏科学判断，从而导致决策失误。比如有些县规划建设集贸大市场，觉得建设大市场便于管理，也容易形成规模，产生影响，但是论证不够，选址不合理，建成后有场无市。还有的县为了美化城镇广场和社区环境，种花种草，这本是好事，但是种什么树，种什么花，种什么草，如何规划却是凭领导喜好，领导变换导致市政工程也变。有的领导喜欢雕塑，就铲除草坪树立雕塑，有的领导爱好体育，就铲除草坪建设体育设施。

二　发挥市场在资源配置中的决定性作用不够，公共服务效率较低

在基础设施建设中，一些政府没有充分发挥市场在资源配置中的决定作用，鼓励和引导社会力量参与基础设施建设投资的激励机制和约束机制尚未建立，投资主体过于集中。各地区自筹资金占总体投资的百分比都在60%以上，（自筹资金是指固定资产投资单位报告期收到的，由各地区、各部门及企、事业单位筹集用于固定资产投资的预算外资金，包括中央各部门、各级地方和企、事业单位的自筹资金。政府、政府的主管部门和国有企业是基础设施建设项目的主要投资者，而利用外资最高的占比只有1.38%，债券中占比最高的也只有0.37%（如图7.3所示）。分析数据可知，外部资金和民间资本参与基础设施建设不足，且相对集中于教育行业，这都影响了原中央苏区公共服务能力施建设水平。

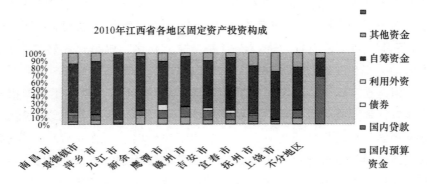

图7.3　2012年江西省各地区固定资产投资构成

数据来源：2011年江西统计年鉴。

第五节　建设主体的社会心理对 公共服务能力的影响

社会关系中的个人构成组织中的社会心理分系统。社会心理是个体或群体在特定的社会文化环境中对于来自社会规范、群体压力、自我暗示、他人要求等社会影响所作出的内隐或显性的社会反应。原中央苏区基础设施建设的主体的工作态度、情绪影响着基础设施建设目标的达成。这些主体既包括原中央苏区的政府人力资源，也包括参与公共服务和基础设施建设的事业单位及企业人力资源。这些工作人员的活动必然也要受到社会规范、群体压力、自我暗示、他人要求等社会因素的影响。其社会态度、利益及行动取向和品质特性直接影响着公共服务能力和基础设施建设水平。

一　激励机制不完善，部分建设主体工作积极性不高

在心理学家看来，社会交换是人类社会生活所遵循的基本原则之一，Foa 等人通过分析人际关系中的酬赏问题，找出了六种基本酬赏：爱、金钱、地位、知识、物质与服务。这些酬赏可从两个维度加以分类：一是特殊性：指酬赏的价值大小由提供该酬赏的特殊人物所决定，另一维度是具体性指有形的、能看到、嗅到、摸到的东西，以及非具体性或象征性的东西，如忠告或社会赞许。在人际交往过程中，人们会随时记下从某个人际关系里所获得的酬赏和付出的成本。并且看重从该人际关系中所能获得的整体结果的有利与不利。人们只有在觉得社会关系很公平的时候才能得到最大的满足。①

通常的激励方式不外乎待遇、感情和事业。现行的公务员激励机制不够完善，基层公务员的考核适用的是国家通用的德能勤绩廉考核标准，内容不明确具体，缺乏针对性，没有引起基层部门的重视，年度考核走过场，考核的结果应用单一，没有与岗位配置、职务晋升等挂钩，没有起到引导和激励的作用。公务员薪酬体系稳定，差别不大，又没有

---

① 侯玉波：《社会心理学》第 3 版，北京大学出版社 2013 年版，第 178—180 页。

什么与绩效挂钩的奖酬体系。而因为地方经济发展水平原因，在原中央苏区的基层公务员待遇更低，调研中有位工作了二十多年的乡镇公务员告诉我们工资仅 2000 元左右。从事业发展来看，由于县乡政府级别较低，又为了不断保持政府人力资源的活力，提拔新人，因此县乡公务员的发展空间小。基层公务员努力工作的原因除了工作相对稳定外，更重要的是对党和政府、对工作、对故乡的深厚感情和强烈的事业心。但是激励机制的不完善也影响了部分公务员的工作热情。

二　社会结构转型期公务员社会心态嬗变，有利有弊

当前，我国社会结构的现代转型对县乡基层公务员的社会心态主要产生较大影响，既有好的方面，也有不利影响。从好的方面来看，市场经济制度的建立对公务员心态产生了重大的改造和提升作用。它明确肯定了公务员和政府机关的关系是双向选择的关系，公务员可以主动选择在政府机关的去留，政府部门也可以在规定的情况下辞退公务员，因此促进了公务员主体意识的增强和个性发展，也强化了公务员的进取精神和忧患意识，市场体系的社会化和全球化拓展了公务员的视野和活动空间，密切了公务员的社会联系和社会互动，从而不断提升其素质。

但是，社会转型也公务员心态上带来的负面影响。一是传统的价值观和公务员心态模式受到了巨大冲击，社会上贫富差距拉大，基层公务员收入不高，权力比以前小，责任比以前大。例如许多县的水利部门反映虽然国家增加了投资，但是水利作为艰苦行业，人才数量不足，特别是专业技术人员和监理人员缺乏制约了水利设施建设的质量。过去一个水库建设就有一个工程部，但是现在一个人要管理 20 多个水库，然而工资却不高。这种变化使得一些公务员心理失衡，享乐主义，拜金主义侵蚀着部分公务员的心灵，加之制度建设、思想文化建设方面的欠缺，部分公务员过去长期被压抑的欲望迅速膨胀，违法乱纪，甚至走向腐败堕落和犯罪的深渊。二是融入国内外竞争格局的地方经济社会发展和服务型政府建设对公务员提出的更高的要求，一些公务员不是努力学习，适应新的挑战，而是心存畏难情绪，工作中缩手缩脚，缺乏担当精神，被动应对上级政府布置的任务，不求有功，但求无过。

第六节　技术对基础设施公共服务能力建设的影响

技术是指完成工作任务所需要的知识、技能及完成任务所使用的工具和设施。它本身是组织因素之一，制约着组织管理和活动方式方法。当前对基础设施公共服务能力影响很大的主要是信息技术。

一　信息技术应用促进电子政务发展，但网站未能充分发挥公众参与决策作用

计算机、现代通信和网络技术的普遍应用，使信息得以更快更全面地进行交流，为实行电子政务和电子民主提供了条件。21 世纪以来，中国电子政务进入快速发展时期，信息化已经提升到国家层面，政府网站迅速增多，目前每个原中央苏区县都建立了政府网站。基本上按照"政务公开、对外宣传、互动交流、在线办事"的功能，一般都设有县域概况、政府机构、信息公开、政民互动、便民服务、在线办事、招商引资、旅游观光等栏目。如图 7.4 所示。

图 7.4　原中央苏区县政府网站

资料来源：http：//www. ningdu. gov. cn/ningdu/home/.

还有的县级网站设有三农服务等体现县域特色的栏目。总之大多数网站初步形成了"信息公开、在线办事、公众参与"三大应用体系，提高了政府透明度，满足公民对政府信息的参与权、知情权、监督权和表达权，促进政民互动；方便了公民办事，降低了公民办事成本和行政成本。

随着微信、博客和短信的广泛应用，一些政府将这些新媒体与传统的纸质媒体结合起来，打造更加广泛的政民沟通平台，对一些重大项目特别是基础建设项目进行广泛的征询，收到公民的好评。

目前政府网站建设也存在一些问题：基础设施决策需要较多的信息资料和一定的专业能力，但是一些网站信息公开内容有限，时间紧，公民专业知识有限，因此参与征询活动的公民不多，即使参与，大多数人主要是从自己的利益出发，凭感觉提出意见和建议。政府收集意见不及时，有的甚至不予理睬，只是程序上走个过场。还有一些网站内容更新不及时，回应公民信息迟缓；还有些网站出现信息孤岛，数字鸿沟等现象。此外信息技术的普遍使用也带来信息安全隐患。Web 应用程序80% 都或多或少存在网络安全问题，[①] 特别是伴随着当今不断发展的网络技术，应用网络的领域范围越来越广，网络安全问题也越来越突出。政府门户网站最容易受到网络安全威胁和攻击，加之部分县政府网站技术差，维护不力，因此常发生内部网络入侵、攻击在线业务、篡改页面等网络安全风险。如 2011 年龙岩朱先生想进入长汀县人民政府网站查找一些政府公开信息，在百度里输入"长汀政府网"进行搜索时，显示的竟然是香港六合彩网站。原来 2011 年 5 月至 6 月长汀县人民政府网站首页被黑一个多月，但一直无人处理，网友"中国狼酒龙岩"质疑："长汀政府网的网站技术很差！长汀政府网站怎么会采用容易受攻击挂马的 ASP 系统？为何不采用更为安全、成熟、可靠的 PHP？"

二　自媒体助推危机发生，对政府公共服务能力提出了更高的要求

自媒体时代，人人都是记者，人人都是传播者，一条新闻，任何人有意或者无意，只要按一下"发送"键，"嗖"的一下跑到网上，扩散开来，由于目前网络监管不力，网络信息真真假假，人们大多是宁信其有。因此在基础设施建设过程中一些不正确的、带偏向性的，甚至虚假的信息往往给政府带来麻烦，处理不当甚至酿成群体事件。如基础设施建设中的拆迁问题，农业基础设施建设的补贴问题等。典型的有 2010

---

① 李凤麟：《政府门户网站网络安全研究》，《中国市场》2014 年第 3 期。

年9月10日发生的江西宜黄强拆自焚事件。[①] 宜黄县政府为新客运站建设进行例行的强拆动员工作，在工作过程中因处置不慎，导致3名被拆迁当事人烧伤，被烧伤的当事人在县医院初步救治后，因伤势较重转入省一附医院继续救治，9月17日，被烧伤的当事人之一叶忠诚在医院不治身亡，尸体被运回宜黄。9月11日数张当事人被烧伤的现场照片出现在网络上，并被众多网站转载，从而引发了全国网民的高度关注。几天之后，迅速上升为一起全国关注的公共事件，造成恶劣影响。又如2014年8月，在腾讯微博、新浪微博、百度贴吧等网络社区先后出现了涉及河南、河北、陕西、湖北等地，内容为"政府拨款10.6亿人民币资助抗旱、补贴农民"的谣言信息。谣言信息煽动受灾地区群众关注所谓的抗旱资金去向并尽快转发。

　　因此信息时代对政府公共服务提出更高要求，政府必须在工作中必须加强利益相关主体的沟通，工作要更加耐心细致，危机发生后要及时妥善处理。

---

　① 宜黄信息网：www.gho794.com。

第 八 章

加强原中央苏区基础设施与公共服务能力建设的建议

第一节　基础设施与公共服务能力建设指导思想

指导思想是行动指南，基础设施与公共服务能力建设的指导思想应以邓小平理论和"三个代表"重要思想为指导，深入贯彻落实科学发展观，弘扬苏区精神。赣南等原中央苏区在中国革命史上有着特殊地位，为中国革命做出了特殊贡献，当前还存在着特殊困难，在此背景下出台的振兴赣州等原中央苏区振兴发展规划特殊政策支持，势必对赣南等原中央苏区产生深远影响，为此必须树立正确的方向。

一　立足民生

民生问题，是与百姓生活密切相关的问题。民生问题也是人民群众最关心、最直接、最现实的利益问题。关注民生、重视民生、保障民生、改善民生，同党的性质、宗旨和目标一脉相承。

十八大报告指出："提高人民物质文化生活水平，是改革开放和社会主义现代化建设的根本目的。"从这个意义上说，无论是全面建成小康社会、实现中华民族伟大复兴宏伟目标，还是经济、政治、文化、社会、生态"五位一体"总体布局，实际上都贯穿着切实关注民生、重视民生、保障民生、改善民生这条主线，都以努力让人民过上更好生活为目标和归宿。

强化基础设施与公共服务能力建设就必须以改善生产、生活条件为抓手，围绕群众最迫切、最关心的水、电、路、房等民生需求，统筹各类资源，集中力量尽快解决。解决好民生问题是振兴发展的首要任务。加大资金投入，集中力量尽快解决最突出的民生问题，切实改善群众生产生活条件，保护和调动人民群众参与振兴发展的积极性。更加注重经济发展结构、质量、效益的进一步提升，推动民生改善与经济发展相互促进。

二　全面协调发展

针对现实存在的问题，从缓解基础设施薄弱主要矛盾入手，解决好人民群众当前最紧迫、最突出的问题。同时着眼长远发展，使基础设施建设服务于调整优化产业结构，服务于发展循环经济，服务于区域经济社会增强可持续发展能力。

根据赣南等原中央苏区经济社会发展需要、现有开发强度和发展潜力，科学确定基础设施建设规划，突出建设一批功能辐射较强的基础设施，推进赣南等原中央苏区基础设施建组团式发展。根据赣南等原中央苏区人口分布和生产力布局，完善基础设施建体系。加强区域基础设施建设合作，构筑开放平台，提高公共服务能力水平。

三　"整体推进"与"分层开发"

整体推进分步分层实施，第一步争取在 2015 年（"十二五"末）使赣南等原中央苏区所有县（市）通高速公路和规划铁路实质性开工建设，积极争取在原中央苏区所有县（市）设立客运站点和货运站点，所有村庄道路完成硬化，新增高压或超高压输变电线路 1～2 条，大型水库 1～2 座，农田有效灌溉率提高到 75% 以上，合理布局邮政营业网点，深化邮政业务改革，增加农村邮政业务种类，提高农村邮政利润率，城镇基础设施投资保持 5% 以上的增速，基础设施得到较大改善，公共服务水平得到较大提升，人民生活水平稳步提高。

第二步，在 2020 年（"十三五"末），新增二等火车站，争取在瑞金建立客运专线停靠点，努力使原中央苏区形成以瑞金为中心的"十字"形快速交通骨架网。农田有效灌溉率提高到 90% 以上，基础设施得到很大改善，公共服务水平得到很大提升，人民生活殷实，区域协调发展进程加速推进。最终使赣南等原中央苏区整体实现跨越式发展。现代综合交通运输体系和能源保障体系基本形成；现代产业体系基本建立，工业化、城镇化水平进一步提高；综合经济实力显著增强。人民生活水平和质量进一步提升，基本公共服务水平接近或达到全国平均水平，与全国同步实现全面建设小康社会目标。

四　优先建设发展核心区域

建设原中央苏区核心区，发挥核心区对原中央苏区其他地方引领和辐射作用。目前原中央苏区整体上社会经济发展水平相对较低，在人力、物力特别是财力有限的情况下平均发展不合理也不切实际，应设立核心区，通过其重点和优先发展来带动其他地区发展。

从目前来看，赣闽粤三省原中央苏区县市考虑到历史上瑞金是原中央苏区的中心区域，是中华苏维埃共和国党、政、军首脑机关所在地，是红色故都。尽管在过去的经济发展中瑞金也获得过国家的支持，但与百姓的期望差距仍然很大，仅从经济发展角度，瑞金还不能担当区域协调中心的重任。考虑到瑞金是共和国故都，是共和国的摇篮，她为共和国的诞生做出了巨大贡献，父辈们抛头颅洒热血换来了中国革命的胜利，也换来了发达地区百姓的富足和幸福，而他们的子孙依然因为地缘原因不能脱贫，作为和平年代的政府何以告慰先烈。因此，首先从政治视角就应该将瑞金作为原中央苏区核心区，重点和优先发展，其他县（市）作为扩展区，以核心区带动其他原中央苏区县（市）的发展并最终实现整个原中央苏区的发展和振兴。

将瑞金设立为江西省单列市，在建设初期的三到五年内，通过建立政策高地，全方位大力度给予瑞金各种政策倾斜和税收减免；赋予瑞金独立的政策制定权和规划权，提高自身规划能力。在中央既有原则的指导和社会监督下，建立资源分配系统，加强瑞金资源的二次分配权，改变目前各自为政、资金使用效率低下的现状。明晰责任，完善考评体系，强化基础设施和公共服务能力建设，进而扩大瑞金在原中央苏区的影响力和辐射力。

第二节　科学制定基础设施建设规划

基础设施是经济社会发展的基础和加强公共服务能力建设的载体。近年来，原中央苏区的基础设施建设有了较大改善，但由于原中央苏区财力有限、规划能力和资源汲取及分配能力弱等原因，与人民群众快速上升的需求相比仍然显得滞后。因此，要本着切合实际，适当超前的原则，以统筹城乡、区域发展和建设和谐社会为目标，统筹考虑原中央苏区县（市）实际，编制基础设施建设规划。现阶段应着重完成以下几方面的规划建设工作：加强以道路交通、农田水利、供电、邮政、通信、市政等为主的基础设施建设，创新融资方式，重点解决"出行难、用电难、灌溉难"等突出民生问题，改善群众的生产生活环境。此外，还应加强原中央苏区县（市）际间以及省间的交流与合作，确保规划的整体性和完整性。

一　交通规划

便捷的交通是经济社会发展的基础，规划建设基础设施首要的就是交通规划建设。近年来，原中央苏区的交通建设发展迅速，但仍然存在一系列突出问题，影响经济社会向纵深发展。至今原中央苏区仍有很多县（市）不通铁路和高速公路，这些地区丰富的自然资源得不到有效利用，工业发展缓慢；一些地区存在"断头路"，阻碍了地区的合作与交流，影响了整体经济的发展；一些县（市）城市道路狭窄拥挤、农村道路破损严重，妨碍了人民生活水平的提高。

一是，将赣南等若干个中心市建设成为重要的区域性综合交通枢纽。依托赣州、梅州、南平、三明等区域性中心城市的区位优势，结合现代服务业的发展，建成公路为主体，采用政府投资和社会投资相结合的方式多方位筹集资金，创新融资模式，完善铁路网和高速公路网布局，建设铁路和航空为两翼的现代综合交通运输网络和快速通道，形成连接东南沿海与中西部地区的区域性综合交通枢纽和物流商贸中心。

二是，改造升级瑞金机场。着力加强瑞金交通体系建设。以瑞金为中心，在已有路网的基础上，布局快速联通网络，形成 1～5 小时经济圈：1小时到达赣州、2小时到达龙岩和三明、3小时到达南昌和福州、5小时到达广州。以加强内外交流与协作，吸引投资。推动瑞金4C级民用机场项目进入省级或国家级规划，改善高等级交通设施，便利人员与物品的往来与贸易。加大对道路交通基础设施的维护和管理力度。

三是，连接"断头路"。要加强县（市）的交流与合作，明确责任和权力，从中央支持原中央苏区发展专项资金及生态补偿基金中划拨，也可吸引社会投资，由于投资回报比较慢，可以通过盘活其他资源交换。

四是，提高农村公路等级。实施农村公路危桥改造，推进县乡道改造和连通工程，进一步提高农村公路的等级标准和通达深度。

五是，建养结合交通规划建设。要充分意识到道路养护的重要性，成立道路养护专项基金，购置专门养护设备，组织养护人员，专款用于道路养护。

二 水利规划

改革开放以来，原中央苏区的水利建设发展迅速，但由于原中央苏区县（市）多数属于国家级贫困县，财政入不敷出，用于水利方面的资金自然减少。再者，多数水利设施建于20世纪七八十年代，农村劳动力大量外出打工，中央政府取消农业税，农村水利设施使用量减少，养护费用剧减，导致政府收水费难，排灌站收不抵支，沟渠淤塞严重，农民不愿意交水费，沟渠无法正常使用，政府与农民的矛盾加剧，形成恶性循环。还有，由于资金不到位、监管不力、技术人才缺乏等原因，断头渠导致有水却无法灌溉的现象。因此，要加大水利基础设施建设力度。

一是多方位多渠道全视角筹集水利建设资金，尤其是争取中央和省政府水利建设专项资金，取消县（市）配套资金，合并农业、水利、老区办、扶贫办等部门的水利资金，集成使用，提高资金使用效率。国务院及对口支援部门出台原中央苏区水利建设的优惠政策，探索多主体担保机制，鼓励国家开发银行和商业银行对原中央苏区水利建设进行贷款，发行政府水利建设债券，完善利润分配办法和程序，让个人和企业富余资金投入原中央苏区水利建设项目。

加快小型农田水利工程产权制度改革。采取承包、股份合作、租赁、拍卖等形式，搞活经营权、落实管理权，建立新形势下民生水利建设管理的良性运行机制。加强监督管理，强化行政问责制度，防止形象工程和"豆腐渣"水利工程出现，着力解决"断头渠"最后一公里问题。加大水利设施的养护力度，要以科学发展观为指导，强化有偿用水意识，让农民意识到水利设施建设和保护的重要性，从水利专项资金中拿出部分资金成立水利设施养护基金，提高养护人员的待遇，让水利设施发挥最大的效益。

二是加强水利工程建设。实施城镇防洪工程建设，提高原中央苏区流域内市城镇防洪标准。开展上犹江引水、引韩济饶供水等水资源配置工程和韩江（高陂）大型水利枢纽前期工作，继续支持廖坊灌区工程建设。加快章江等大型灌区续建配套与节水改造，尽快完成病险水库除险加固。加快中小河流治理。逐步扩大赣、闽、粤苏区小型农田水利重点县建设覆盖面。将一般中小型灌区新建、配套续建及节水改造、中小型排涝泵站更新改造，以及小水窖、小水池、小塘坝、小泵站、小水渠等"五小"水利工程纳入中央支持范围。建立山洪地质灾害监测预警预报体系。

三是加快解决农村饮水安全问题。加大农村安全饮水工程实施力度，力争3年内解决农村饮水安全问题，"十二五"末全面完成赣南等原中央苏区农村饮水安全任务。支持有条件的农村地区发展规模化集中供水，鼓励城镇供水管网向农村延伸。建立健全农村水质安全监测系统。

四是高度重视培养和引进水利专业人才。从现有干部中选拔人员到高校进修培训的同时，从高校招聘水利专业毕业生，提高水利人才待遇，要"用得起、留得住"。对于急缺的水利骨干人才，政府要简化招录手续，直接在岗位上和实际问题上进行考核。

三　用电规划

近年来，随着居民和企业用电的大幅度增加，原中央苏区出现了电力供应紧张的问题。究其原因，主要是线路输送损耗大，小水电连接性差，电煤价格高，火电企业亏损严重。因此要加强电力建设。

一是要加大电力设施投资。吸引社会投资，建设超高压低损耗输电线路，降低电力企业成本，做好协调工作，将各小水电并入国家电网，统一调配，以丰补缺。取消赣州等市 220 千伏、110 千伏输变电工程建设贷款地方财政贴息等配套费用。建立煤电价格联动机制，居民用电梯度价格机制，涉及民生企业用电价格，政府给予一定补贴。

二是加强电力项目建设。扩建瑞金电厂项目，规划建设抚州电厂、粤电大埔电厂"上大压小"工程等电源点项目。推进国电井冈山水电站前期工作。支持发展风电、太阳能、生物质能发电。建设赣州东（红都）500 千伏输变电工程和抚州至赣州东（红都）500 千伏线路。提高县网供电保障能力，建设石城、崇义、安远等县 220 千伏变电站。推进樟树—吉安—赣州、泉州—赣州、揭阳—梅州—赣州等成品油管道项目建设。依托蒙西至华中电煤运输通道建设，解决赣州地区煤运问题。支持建设赣州天然气及成品油仓储基地。

三是加强农村电网改造。加快推进赣南等原中央苏区新一轮农村电网改造升级，到"十二五"末建立起安全可靠、节能环保、技术先进、管理规范的新型农村电网。支持赣州市农网改造升级工程建设，电网企业加大投入，2015 年年底前全面解决赣州市部分农村不通电或电压低问题。

四是积极发展小水电和地热资源。在协调统一和保护环境的基础上，大力发展水电事业，充分挖掘地热资源潜力，以缓解原中央苏区居民和企业的用电压力，降低成本。

四　邮政、通信规划

快捷高效的邮政、通信和市政设施可以降低市场主体的沟通成本，提高效率。近几年，原中央苏区的邮政、通信设施水平有了较大提升，但仍存在诸多待改善之处。新建住宅信报箱配套建设比例不高，导致邮局无法有效投递。邮局业务仍以信件、报纸和包裹为主。由于邮路偏远，邮局效益不高，甚至出现亏损状况。光纤村村通工程有待加强，随着农村经济社会的发展，农民生活水平的提高，农民对经济和娱乐设施的要求也相应提高，接通光纤，农民可以在网上查阅和发布农产品供求信息，扩大农产品销售渠道，增加农民收入。为此：

一是加强信报箱配套建设。对新建住宅和商业场所要按比例配建信报箱，并加强监督管理。对不按要求配建信报箱的，采取说服教育和经济处罚相结合的方式进行处理。

二是扩大邮局农村业务种类。除了传统的信件、报纸和包裹，邮局可结合农村实际，开设农产品快递业务、农产品代买代卖业务、农资一条龙配送业务、农业信息咨询业务等，提高邮局在农村的效益。

三是加大信息村村通工程建设力度。对于农民集中居住点在 500 人以上的，要设立光纤接入点，500 人以下的农民集中居住点，要视情况预留光纤接入点，让农民共享信息化成果。

五　市政规划

原中央苏区多处于山区，洪水季节暴涨暴落，逢雨必涝，污水横流，严重危及苏区百姓的生存，提高城市防洪排涝标准也是亟待解决的问题。加大城市给排水、污水处理和防洪排涝的投资力度，在预算一定的情况下，本着适度超前的原则铺设给排水管道，提高污水处理能力。

第三节　构建三大机制——评价制度

三大机制，即：动力机制、控制机制和区域发展协调机制；一评价制度，即：基础设施后评价制度，为基础设施与公共服务能力建设提供长效机制。

一　动力机制

动力机制是指地方政府通过何种理念确立角色定位，制定可行目标，并建立一套服务定位、实现目标的方法和措施。建立公民和社团组织积极理性地参与本地区基础设施建设的激励机制，促进基础设施和公共服务能力建设，是一种基本的动力机制。公共政策的制定本质上是政府和社会互动的过程，是政府对社会的利益要求和愿望做出反应，解决社会公共问题的过程。因此，公共政策的制定是回应社会诉求的需要，这就需要良好的公民和社团组织的参与，需要建立一条畅通的利益表达渠道。

在第二次国内革命战争期间，原中央苏区政府主动广泛征求民众意见和建议，民众积极参与政府公共政策决策，政府制定的政策得到很好的执行。今天，民众参与公共政策决策的热情依然高涨，利益诉求仍然很多，公民和社团组织对政府的基础设施建设和公共服务水平有不满意之处，政府的公共政策决策有改进余地，说明有必要建立一种动力机制。这种动力机制应该能让广大公民和社团组织踊跃理性地参与本地区基础设施建设的公共政策决策，提高政府公共服务水平，改善政府形象。

第一，政府转变固化思维，加强广大公民和社团组织参与政府公共政策决策重要性的认识。只有摒弃内部决策或关门决策，让广大公民和社团组织参与其中，才能使做出的公共政策具有针对性和实用性，减弱政策执行的阻力。

第二，社会公众也应转变传统观念，加强对自己参与政府制定公共政策决策重要性的认识，采取合法途径主动表达自己的利益；鼓励社团组织自己的利益代表组织，壮大自己的话语权。

第三，公共政策制定应实现广大公民和社团组织参与的制度化、法制化。对公众参与公共政策决策进行立法，完善公众参与的方式与途径。

第四，扩大广大公民和社团组织参与政府公共政策决策的方式和途径。完善人大议案制度、政协提案制度、与工商联及各民主党派不定期的座谈会或茶话会制度、公众接待工作日制度、市长县长热线电话制度、人民建议征集制度、民意调查制度、信访制度、网络建言献策等制度，把人民群众的呼声和要求及时地反映到决策中来，使制定的政策更多地体现普通公民的利益。特别是关系到人民群众切身利益的公共政策决策，如城市规划调整、农贸市场改造、城市拆迁改造、绿地调整、公园建设、公共交通线路布局、水电暖气价格调整，一定要认真听取广大公民和社团组织的想法和建议，做到信息公开。信息公开的具体做法是：在公共政策草案初步确定后，进行公示，广泛征求公民和社团组织的意见，及时发现存在的问题并加以调整。在公共政策执行过程中接受社会监督，接受民众提出的合理建议并予以完善。

二　控制机制

控制机制即指建立和完善预算管制、审计管制、成本控制和行政问责制度，从事前、事中和事后对基础设施建设实施控制管理。从管理学的角度来看，管制是指管理人员为了保证组织目标的实现，对其工作人员的实际工作进行测量、衡量和评价，并采取相应措施纠正各种偏差的过程。政府的基础设施建设和公共服务的提供同样需要进行有效的管制，以达到成本和预算最低、效益最大、受众人群最广，防止建设过程中的贪污腐败行为，改善政府形象。

（一）预算管制制度

政府进行基础设施建设应认真做好预算，聘请有关专家和机构估算建设项目的投资额。从建设项目的立项、可行性研究、施工、竣工以及后期使用和维护实施全程预算控制，将投资额和成本控制在预算以下，不允许随意超出预算。确需超出原预算的，必须上报上级或同级有关监管部门批准，请求追加投资，通过新预算。待新预算得到批准后，才能扩大预算。在基础设施建设项目初步确定后，应通过报纸、网络和杂志进行广泛的公示，听取民众的看法，及时发现项目的不足之处并加以改进。项目实施阶段所需要的物资、原材料、施工单位的选取要在全社会进行公开招标，择优选择，提高有限资金的使用效率。项目完成后也要对其进行动态监测，确保项目的质量。

（二）成本控制制度

原中央苏区经济发展落后，财政资金短缺，政府基础设施建设投资取于纳税人，应精打细算，厉行节约。建立项目质量和成本挂钩制度，从建设项目的申请、实施、监督到使用和维护，政府及政府工作人员应树立节约意识和成本意识，在保证质量、不影响使用功能和效果的情况下，尽量使用造价和成本低的原材料和施工工艺。在日常开支方面，如餐饮、住宿、接待领导和来宾，政府及政府工作人员不必讲求排场，不必奢侈和铺张浪费，而应该让有限的资金发挥最大的功用。

（三）审计控制制度

政府基础设施建设属于问题多发领域，政府领导及有关人员容易利用职权在建设项目招投标和监督方面为他人和自己谋取不法利益，项目资金被挪用和贪污的问题屡禁不止，工程质量无法得到保证。建立严格的审计制度可以有效地减少和避免此类问题的发生。在审计方法方面，采用事先审计、事后审计和稽查相结合的方法对建设项目进行审计；在审计形式方面，通过送请审计、就地审计或巡回审计、清查与抽查相交叉的形式对建设项目进行审计；在审计层级方面，将政府部门内部审计和外部审计相融合，对建设项目进行审计。有效的审计制度可以及时发现存在的财务问题，将损失降到最低，对政府工作人员起到监督和警示作用。政府公共服务的提供同样要进行审计，如公共服务的分配和使用，以防止权利寻租，减少腐败，让最需要使用公共服务的普通民众用得上和用得起公共服务。

（四）行政问责制度

有效的行政问责制度可以促使政府及政府工作人员认真履行职责，提高官员的政治责任心，澄清吏治，做到制度反腐。在政府基础设施建设方面，通过严厉的行政问责制度，严惩责任心不强、经不住权钱诱惑的政府工作人员，促使他们踏实做事，诚实做人。行政问责制度包括：第一，"有责必究"。完善行政问责立法，无论职位高低，只要在所管辖的部门和工作范围内由于故意或者过失，不履行或者未正确履行法定职责，以致影响行政秩序和行政效率，贻误行政工作，或者损害行政管理相对人的合法权益，给行政机关造成不良影响和后果的都要追究其行政责任。第二，"有责能究"。完善行政问责的方式，建立追偿、补偿、行政处罚（记过、记大过、降职、免职和开除党籍等）和刑事处罚相结合的问责体系，让问责行使机关有追究责任的方式。第三，"有人去究"。明确问责主客体，赋予问责主体独立的问责权。第四，建立责任追究的配套机制。建立和完善行政问责的程序和方法、问责确定后的执行和监督、问责的绩效评估等责任追究的配套机制。

三　区域发展协调机制

建立区域或省间的联动发展制度等区域协调机制。区域协调发展是区域内部的和谐及与区域外部的共生。区域协调发展是内在性、整体性和综合性的发展聚合，区域内部形成一个有机整体，相互促进、相互协同，通过良性竞争与紧密合作，与区域外部融洽相处，密切区域经济关系，创造最佳总体效益，形成优势互补、整体联动的经济、社会、文化和生态可持续发展格局，从而达到一种区域内外高度和谐的协调发展高级阶段。

在土地革命战争时期，原中央苏区各区县紧密协作，相互配合，为中国革命的最后胜利奠定了坚实的基础。当前赣南等原中央苏区基础设施建设和政府公共服务水平仍然落后，在道路交通、农田水利、供电、通信、邮政和市政（城市防洪排涝）等民生领域，苏区百姓与周边地区仍然存在差距。其偏僻的位置、不便的交通，加上苏区仍以农业生产为主，工业落后，第三产业发展缓慢，阻碍了原中央苏区社会经济的发展。即使拥有丰富的自然资源特别是农林资源、矿产资源、水资源和红色资源，但由于交通、电力等基础设施的落后，这些宝贵的资源并未得到有效的开发。为此，要通过原中央苏区组建联席会议制度，协调苏区内部的资源调配，通过搭建定期论坛、峰会、洽谈会等平台，实现资源共享，促进合作与交流，提升资源优势及互补水平。在道路交通领域和农田水利领域，苏区各地要统一规划和建设，确保无断头路、无断头渠。在电力供应上，苏区各区县可互相联网，削峰补缺。

四　后评价制度

根据基础设施的特点完善基础设施建设项目后评价制度，对项目的前期工作、实施情况及营运情况进行再评价，为今后改进基础设施建设项目的决策、设计、施工、管理等工作，提高项目的投资效益和改善营运状况提供经验和教训，也为实施行政问责制提供依据。后评价制度方案主要包括后评价目的、内容、方法、进度安排、预期成果和组织保障等。运用现代科技手段，综合采取文献研究、问卷调查、实地调研、专家咨询、案例分析、现场访谈等方法收集资料，采用专业统计分析工具，研究建立计量模型，综合运用法律、经济、管理、统计和社会分析等方法对基础设施建设项目进行后评价。设计包括项目合理性和可行性、建设成本、使用效率、社会效益、环境影响度等综合性评价指标体系，对基础设施建设项目进行生态、经济和社会评价。指标体系要有硬指标和软指标，定性分析和定量分析并举。在注重经济效益的同时，不能舍弃环境保护准则。开展后评价工作，应当采取多种方式，及时公开后评价有关信息，广泛征求有关部门、专家学者和公众等方面的意见。

以原中央苏区公路建设项目后评价为例，在公路建设项目竣工运营2~3年，用综合性评价方法，对建设项目决策、设计、施工和运营各阶段工作及其变化的成因，进行全面的跟踪、调查、分析和评价。为不断提高决策、设计、施工、管理水平，合理利用资金，提高投资效益，改进管理，制定相关政策等提供科学依据。后评价内容主要包括：（1）建设项目的过程评价。依据国家有关法律法规和制度，分析和评价项目前期工作、建设实施、运营管理等执行过程，从中找出变化原因，总结经验教训；（2）建设项目的效益评价。根据实际发生的数据和后评价时国家颁布的参数进行财务评价和国民经济评价，并与前期工作阶段按预测数据进行的评价相比较，分析其差别和成因，计算项目效益水平；（3）建设项目的影响评价。分析、评价建设项目对项目所在区域的经济、社会、文化以及自然环境等方面所产生的影响。考虑到原中央苏区一些县地处山区，生态环境脆弱，又是赣闽粤重要的饮用水和灌溉水发源地，要适当加大生态保护指标的权重，适当降低经济发展指标的权重；（4）建设项目目标持续性评价。根据对建设项目的公路网、配套设施建设、管理体制、方针政策等外部条件和运行机制、内部管理、运营状况、公路收费、服务情况等的内部条件分析，评价项目目标（服务交通量、社会经济效益、财务效益、环境保护等）的持续性，并提出相应的解决措施和建议。

第四节　改革与完善管理体制

城乡基础设施是城乡正常运行和健康发展的物质基础，对于改善人居环境、增强城乡综合承载能力、提高社会运行效率、确保2020年全面建成国务院对原中央苏区的各项要求具有重要作用。当前，赣南等原中央苏区基础设施仍存在总量不足、标准不高、运行管理粗放等问题。改革和完善苏区基础设施建设管理体制，为基础设施与公共服务能力建设提供强有力的组织保障。

一　改革行政管理体制，推进市县分治体制

由城乡合治走向城乡分治，是许多国家和地区现代社会治理的成功经验。目前我国的"省直管县"改革还不是完整意义的"省直管县"。县级政府在行政上和市级政府还存在隶属关系，财政省管依然会和市级政府产生不必要的冲突和矛盾。加大行政管理体制改革的力度，促进财政方面的"省直管县"向行政体制上的"省直管县"转化。在我国，县作为一级完整的基层政府，直接面向广大的农村和小城镇，最了解区域居民和社会对基础设施等公共服务及物品的需求偏好，实施行政意义上的省直管县体制，明确中央、省、县三级政府关于基础设施建设方面的事权与财权划分，有利于更好地发挥县一级政府的主动性、创新性，进一步增强县域经济社会发展的活力。原中央苏区县经济基础薄弱，且所处地级市属于较大的市，有条件也有必要从地级市分出，强县扩权，省级政府直接予以领导，有利于加强经济社会发展，缩小与发达地方县域经济社会发展的差异。

二　完善基础设施管理体制，提高资金使用效率

目前关于基础设施建设的资金来源渠道比较多，如发改委、财政部门、扶贫办、农业部门、科技部门、水利部门等对口部门，这容易导致同类项目由多个部门管理，资金投入分散，交叉重复，在缺乏统筹整合的情况下，不能集中有限的资金建设较为大型的基础设施项目，资金利用率低。因此，必须完善基础设施建设管理体制，特别是协调机制。

完善基础设施建设管理体制的基本思路是：一是在县级政府组织体系内，根据县域特色，实行大部制改革，将相应的部门纳入一个体系，或者设立综合协调部门，整合资源，提高资金利用效率。二是在原中央苏区设立相应的机构或者平台来协调跨区域基础设施建设规划、资金配置及管理。

三　合理界定政府角色

赣南等原中央苏区基本建立起以法人责任制、招标责任制、建设监理制和安全监督制为核心的项目管理制度。但上述制度的执行还较松

懈，基础设施建设的公开度和透明度较低。从基础设施建设管理机制来
看，政府插手项目运作太多。从基础设施建设策划、筛选、决策、建
设、监管、验收、运行都主要由政府部门完成，缺乏必要的竞争和监督
机制。

明确各级政府在基础设施建设中的职能，建立以政府为主的多元化
投资体系，分类指导加快赣南等原中央苏区基础设施管理体制改革。改
变利益主导下动员式的建设模式，实现有效的市场化建设、营运及养护
制度。

第五节　加强人力资源队伍建设

政由人执，事在人为，人优政强，人庸政弱，人优事成，人劣事
废。原中央苏区基础设施和公共服务能力建设无不深受政府人力资源和
基础设施人力资源队伍的素质、数量、结构及县级政府主要领导者的素
质包括政治素质、业务素质及能力的影响。构建一支在政治上与党和政
府保持一致，在理念上确立"以公民为本"，在实践中善决策、强执
行、高效、精干的公务员队伍，为基础设施与公共服务能力建设提供人
才保障，是实现传统行政向现代行政的转变，加强原中央苏区基础设施
与公共服务能力建设的关键所在。

一　加强领导队伍建设，提高其政治素质和科学化管理水平

在我国，各地自然禀赋、外部市场环境和制度环境大致相同的环境
下，政府部门主要领导的差异往往是当地经济社会发展差距的重要原因
之一。优秀的县委书记造福一方，素质低劣的县委书记则为霸一方、为
害一方。因此，从某种意义上说，县委书记的形象就是执政党的形象在
基层的直接化身。当前，行政管理体制改革进一步深入，"省直管县"
试点在更大范围推行，县级政府及各部门的主要领导者权力越来越大，
掌握资源越来越多。按现行体制，不仅人事问题而且许多基础设施建设
项目的决策，都深受政府主要领导或部门主要领导意志的影响，加之当
前监督体制存在一定缺陷。因此，政府主要领导或部门主要领导的政治
素质和科学管理水平就深刻影响着原中央苏区基础设施与公共服务能力

建设的成效。

　　加强县乡领导干部队伍的建设要从制度规范和领导个人自律两方面进行，既要重视领导者个体素质和能力的提高，也要重视领导班子的整体建设。

　　第一，加大县乡领导干部队伍的培训，推进学习型组织建设。完善公务员培训制度，充分利用各级党校、普通高校的教育资源，利用现代技术手段，远程教育与面对面学习相结合、在职培训与挂职锻炼相结合，对政治理论、经济知识、管理能力等方面进行系统的学习和培训，增强其政治理论素养和经济管理知识，重点提高其政治鉴别能力、依法行政能力、应对突发事件能力、沟通能力、创新能力和心理调适能力。要营造终身学习的良好氛围，按照科学理论武装、具有世界眼光，善于把握规律、富有创新精神的要求，把县乡领导干部培养成学习型的干部，将党的理论学习与专业技能、各种新知识的学习相结合，围绕其中心任务和专项工作，学用相结合，把理论素养、学习能力作为选拔任用干部的重要依据之一。

　　第二，健全和完善县乡领导干部队伍的选拔、使用和退出制度以及严格任期全程管理。首先把好领导队伍的入口关。进一步推进干部选拔任用制度改革，坚持"德才兼备，以德为先"的用人标准，选拔干部，重德视能。认真落实好推荐、考察、选举等关键重点环节，探索增强民主推荐、民主测评的科学性和真实性的途径和方法，坚决杜绝民主推荐和测评过程中的拉票现象。完善干部的公开选拔、竞争上岗办法，变组织部门和上级领导的相马为公开赛马，实施干部能上能下机制，以岗定薪。改革和完善领导干部考核管理办法，研究符合科学发展观和正确政绩观的要求，定性与定量相结合的综合考核评价方法，严格实施领导干部的问责制，以考核和问责制度促进领导干部对党和人民责任感的提高，增强领导干部特别是党政主要领导干部的民主观念和自觉接受民主监督的意识，从制度和思想上防范领导干部的贪污腐化。

　　第三，加强后备干部队伍建设和优秀年轻干部培养锻炼。对后备干部坚持重在培养，突出党性锻炼和实践锻炼，提高解决发展中实际问题的能力，建立和完善机关干部到基层锻炼和选拔优秀基层干部到机关工作学习的制度，鼓励后备人才队伍在职学习，提升学历，不断提高政府理论水平和业务能力，增强公共服务的能力。坚持优进劣退，实行后备干部队伍的动态管理，根据干部成长周期，为其进行职业生涯规划，明确不同的年龄和职务层次的要求。

二 创新人力资源管理与开发机制，构建稳定的基层人力资源队伍

基础设施建设基层人力资源队伍既包括县乡基层公务员也包括企事业单位有固定编制的职工，前者是县乡公共事务管理的主体，后者是基础设施建设与维护的主体。这支队伍人数众多（以江西省为例，2009年县乡行政机关共有公务员8.7万人，占全省行政机关公务员总数的58%[①]），是基础设施项目决策的执行者，其工作的行为和结果直接影响着原中央苏区基础设施项目的完成与质量，影响着基础设施服务的质量及党和政府在公民中的公信力。因此，必须建设一支综合素质高、业务能力强、执行力强、数量适宜的与基础设施相关的人力资源队伍。

第一，深化人事管理制度和机制改革。外部考任制与内部选拔制相结合，委任制与聘用制相结合。一方面，要通过公务员考试、事业单位考试等方式选拔优秀大学生充实这支队伍，使其在基层工作中得到锻炼。在公务员内部、事业单位内部畅通不同部门不同层级人力资源的流动机制，通过配置，将合格人才配置到合适岗位。考虑到一些基础设施建设部门如水利工作条件比较艰苦，可以根据岗位的性质适当聘用一些非公务员的本土优秀人才，这类人才较稳定，对当地经济文化了解也更加深入，且更易于与普通居民沟通，做好当地的公共服务工作。

第二，设立基层及边远地区基层公务员和事业单位津贴，提高待遇，稳定公务员队伍。县乡基层公务员在当地工作待遇算较好，但是仍很低。在调查中发现，县乡工作二三十年的科级以下公务员工资只有1000多元，晋升机会少。因此，有许多公务员从事其他兼职活动以增

---

① 李晓园：《当代中国县级政府公共服务能力及其影响因素的实证研究基于鄂赣两省的调查与分析》，中国社会科学出版社2010年版，第198页。

加收入，不能投入更多的精力到工作上。一些优秀大学生通过公务员考试或事业单位招聘考试被招录，但因待遇低而流失一部分。

第六节 建设智慧城市

《国家新型城镇化（2014—2020 年）》明确提出，促进约 1 亿农业转移人口落户城镇，引导约 1 亿人在中西部地区就近城镇化。这凸显了政府优化布局推进新型城镇化的决心，同时也将推进交通、水利、能源、市政等基础设施建设。城市化进程的加快，使城市被赋予了前所未有的经济、政治和技术的权利，城市被无可避免地推到了世界舞台的中心，发挥着主导作用。

与此同时，赣南等原中央苏区城市也面临着环境污染、交通堵塞、能源紧缺、住房不足、失业、疾病等方面的挑战。如此，如何解决城市发展所带来的诸多问题，实现可持续发展成为城市规划基础设施建设的重要命题。在此背景下，"智慧城市"成为解决城市问题的一条可行方向，未来的城市发展必须走智能化、包容性和可持续发展的道路。

一 智慧城市建设意义

智慧城市更加注重与自然环境的和谐发展，是一种新的文明价值观。智慧城市发展并不是激进的环境保护主义者，不反对城市经济的发展。通过改变工业城市中经济和环境的对立关系，来达到经济和环境"双赢"的目的，寻求两者和谐发展之路，这也是智慧城市的发展目标。"现代化工业生产规律构建的现代工业城市系统，它的构建模式以满足现代化的机器工业大生产为目的，以线性经济、功能分区、资源和废物的大量输入和输出为特征"。正是这种低效率的发展模式，带来了影响人类生存发展的负面效应。而智慧城市的发展模式是遵循循环再生、协调共生、持续自生规律的，保证其发展模式的顺利实施，则是新一代信息技术的应用。新一代信息技术物联网实现将以前完全分区管理的各种社会资源、基础设施资源统一管理，实现高效，新一代信息技术促使公共管理、社会资源应用更加人性化。但并不是只要将信息技术用于资源管理、公共管理，就等同于实现智慧城市。只有当信息和知识与城市主体的价值观念相结合时，才能实现智慧城市。其结合程度越紧密，城市主体的智慧程度越高，城市就越智慧。

智慧城市充分利用新一代信息技术，感知、融合并高效管理城市基础设施，提升城市公共服务及运营水平，从而达到政府、企业、个人的高度协和发展，并共同实现对城市发展的智慧创新。最终达到社会、经济、环境的协调公平发展和城市可持续发展的目的。

智慧城市建设的大提速将带动地方经济的快速发展，也将带动卫星导航、物联网、智能交通、智能电网、云计算、软件服务等多行业的快速发展，为相关行业带来新的发展契机。

赣南等原中央苏区核心城市"智慧城市"建设：

1. 更加有利于区域间全面物联，通过智能传感设备将城市及城市间公共设施物联成网，对城市运行的核心系统实时感测；

2. 有利于"物联网"与互联网系统完全连接和融合，将数据整合为城市核心系统的运行全图，提供智慧的基础设施。

3. 有利于激励市场主体创新，促使企业和个人在智慧基础设施之上进行科技和业务的创新应用，鼓励政府提升公共服务能力，为原中央苏区城市提供源源不断的发展动力。

4. 创新协同运作方式，更加有利于基于智慧的基础设施，圆融城市的各个关键系统和参与者进行和谐高效地协作，达成赣南等原中央苏区城市运行的最佳状态。

二　智慧城市建设可行性

智慧城市建设是一项系统工程，包含了政治、经济、社会、文化、生态等所有发展要素，对当下赣南等原中央苏区实现经济社会跨越式发展，实施智慧城市建设是其基础设施与公共服务能力建设的提升的有效途径之一。对智慧城市建设需要结合自身经济社会发展需要，对智慧城市建设规模、技术方案、环保及其风险做全面评估。就目前来看，赣南等原中央苏区具备一些可行条件：

（一）初步具备信息基础网络、感知设备和信源覆盖

赣南等原中央苏区核心城市信息基础网络、感知设备和分类平台基本覆盖，光传输网络已经覆盖到城区和行政村，多种无线数据传输也已

渗透到城区所有区域和大部分村镇，信息通信网络已经具有无盲点、全覆盖、带速宽、功率强和传输快的特点，已经能够满足城乡综合通信的需求。

中心城市数字化建设的快速发展，智慧政务、旅游、交通、警务、房产、农务、科技、社保、教育、水务、家居、燃气、电力、商贸、监测、食品等分类平台基本建成；金农、金保、金盾、金卫、金智、金关等网络信息化工程基本实现功能覆盖。

（二）政务信息应用及社会治理管道基本搭建

赣南等原中央苏区核心城市以加强和完善门户网站建设为基础，将全市资源及信息系统建设予以统筹考虑，按照城市管理需求逐步实施，有效降低了行政成本和财政支出。逐步建设完善了与群众生活关系密切领域的信息网络系统和平台建设，如医疗、教育、社保、交通、纳税、土地、旅游、公共服务、城市 IC 一卡通已经辐射到人口、公交、医保等领域。

（三）以电子信息科技为代表的高新技术产业有一定发展规模

仅以赣州市信丰县科技园为例，该园区电子信息产业主要发展电子元器件、家电、光电、线路板等产业，现有投产企业44家，其中规模以上企业有高飞数码科技、可立克科技、福昌发电子、捷威科技、西亚士科技、正天伟电子、普源电子、聚声泰科技等9家，在建项目7个。2012年实现主营业务收入39.5亿元，同比增长18.7%，占园区总量的35.2%，实缴税金8495万元。

（四）信息技术应用及受众服务普及度较高

赣南等原中央苏区核心城市通过信息技术在重点示范项目中的应用和示范，不仅加快了信息相关产业的快速发展，也使信息技术在传统产业的改造升级过程中发挥了至关重要的作用，总体上拓展了信息技术在城市发展中的领域和层次，使社会所有要素都受到了信息技术的影响。

三　智慧城市实施步骤

1. 调整基础设施建设思路，实现单一的电子政务向纵深的智慧城市管理发展，以适应城乡治理的复杂性和技术进步要求。

2. 研究原中央苏区城市发展的现代化程度、开放水平、产业结构之间的关系。选择适合自身城市规模、管理方式与信息化发展程度相适应的模式。

3. 强化技术投入，重点发展光通信、无线互联网、三网融合、物联网、云计算。同时，理顺管理体制，创新管理方式，积极推进三网融合等领域的改革，为智慧城市拓展使用空域保驾护航。

4. 大力整合并发展信息通信产业及相关生产性服务业，通过智慧城市的建设促进科技进步，带动产业升级，推动经济发展方式转变。

第九章

实证分析：原中央苏区水利设施
投资效率分析及建议

从 21 世纪特别是十七大以来，党和政府加大了公共服务的投入，改善人民生产与生活条件。以水利、环境和公共设施管理业全社会固定资产投资（亿元）为例，2003 年至 2010 年年增长率达 28.2%。见图 9.1。

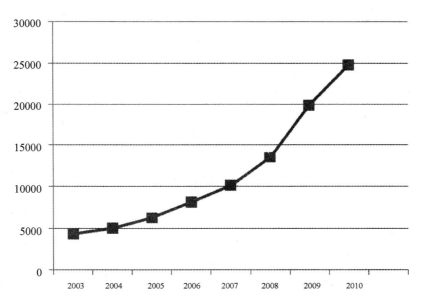

图 9.1 2003—2011 年水利、环境和公共设施管理业
全社会固定资产投资示意图

数据来源：2010 年中国城市统计年鉴。

但毋庸置疑的是我国基础设施投资仍存在明显的高投入低产出现象。近年来，我国干旱灾害频次增加、范围不断扩大。近年来，一般年份中小河流洪涝灾害损失占全国洪涝灾害损失的 70%～80%。由于历史原因，三分之二的中小河流达不到规定的防洪标准①。2009 年，西南地区云南、贵州、广西、重庆、四川五省（市区）发生了百年一遇的大旱；2011 年，长江中下游地区湖南、湖北、江西、江苏、安徽等省市也遭遇了百年难遇的严重干旱。目前全国 60% 以上的县区为易旱地区。干旱固然受全球气候变暖等自然气候变化影响，却也与我国水利设施建设滞后，水利设施不健全，"工程性"缺水突出，抗旱灾能力不强有着密切的关系。如何提高公共服务能力，实现高投入高产出，优化公共服务质量，更好地满足公民和社会的需求是今后公共管理界必须着力破解的难题。

原中央苏区位于赣粤闽三省交界的"东南丘陵"地区，城市化水平较低，但是立体化农业发展条件优越。水利是农业的命脉，具有很强的公益性、基础性、战略性，在经济社会发展和人民群众生产生活中具有举足轻重的地位。2011 年 1 月中共中央、国务院发布《关于加快水利改革发展的决定》，提出把水利作为国家基础设施建设的优先领域，把农田水利作为农村基础设施建设的重点任务。因此，本书以 DEA 方法对江西原中央苏区 13 县水利基础设施投资效率进行分析，从公共服务能力建设角度提出提升基础设施的投资效率的建议。

第一节　原中央苏区水利设施投资效率分析

一　数据包络分析法简介

数据包络分析（DEA）是一个对多投入/多产出的多个决策单元的效率评价方法，其通过借助已有数据，构建有效前沿面，并将各决策单元变量与所构建的有效前沿面进行对比，从而识别低效率决策单元（Decision Making Unit），并给出其相对效率值，因此是一种以相对效果

---

① 中央电视台：《省部长访谈录——专访水利部部长陈雷》。http：//www. mwr. gov. cn/ztpd/20102tbd/2010129cl_ ftl，2010－07－20.

概念为核心的效率评价方法。其特点是适合评价多输入、多输出指标的决策单元相对有效性评价,并且无须考虑输入输出指标的单位量纲问题。DEA 分析法在实际中被广泛运用,特别是在对非纯盈利的公共服务部门评价方面均被认为是一种非常有效的方法[①]。DEA 分析法不仅广泛应用于银行、城市、高校等多方面投资效率评价。近几年,我国学者也将其应用于政府公共服务 (陈昌盛/蔡跃洲 2007),以及基础设施(李忠富等,2009;柳学信,2009;徐淑红,2010)等效率评价,得到了更为客观的结论,通过评价各个决策单元的效率,为管理部门提供许多有价值的管理信息。目前,虽然在水利设施投资效率中运用 DEA 方法进行研究的文献尚不多见,但显然 DEA 分析法对水利设施投资效率研究具有很好的适用性及可行性。

就 DEA 方法本身而言,可分为投入导向模型和产出导向模型两种效率评价方法。前者以现有产出情况下是否是最小投入为判断前沿面的标准,后者是以现有投入情况下产出是否最大为判断前沿面的标准。水利设施建设以政府投资为主,政府投资的多少往往非设施所在地的地方政府决定,因此本书从产出的角度进行研究,也即从在政府水利设施投入不变的情况下,如何使水利设施产出效益最大化方面评价水利设施投资效率。

DEA 分析法还可依据是否引入可变规模报酬的假定分为不变规模报酬(CRS)方法和可变规模报酬(VRS)方法。其中 VRS 方法可以将 CRS 方法中的技术效率进一步分解为纯技术效率和规模效率,对于公共服务提供规模不足的中国而言,显然 VRS 方法更为适合。[②]

因此,本书从产出的角度(投入不变的情况下,如何使产出最大化),运用 DEAP - 2.1 软件,采用规模报酬可变(VRS)的方法对江西省 13 个原中央苏区县水利设施投资效率进行研究。

二 指标的选取与数据来源

一般,DEA 分析法投入产出指标的选取应当符合三个要求:首先

---

① 段永瑞:《数据包络分析—理论和应用》,上海科学普及出版社 2006 年版,第 3 页。
② 公共服务绩效优化与民生改善机制研究。

是所选取的指标既要能够满足评价要求，还要客观反映评价对象效率的水平；其次是从技术上应该避免投入（产出）集内部之间具有相关性；最后是要考虑指标的重要性和易获得性。对原中央苏区县水利设施进行效率评价，其本质内涵在于考察各地在利用人力、财力、物力的投入获取更好的水利基础状况和质量方面的相对效率。水利设施既服务于农业生产（主要是防洪抗旱），也有服务于农村生活用水和水土保持，保护生态环境之功效，但是基于数据的可获得性，本书主要分析水利基础设施服务于农业生产的效率。基于此，本报告选取4个指标来评价原中央苏区县的水利基础设施所提供的公共服务效率的，其中，投入指标2个，为水利基础设施投资和人力资源。产出指标3个，为本年度灌溉面积、有效灌溉面积和旱涝保收面积。

（一）投入指标

水利基础设施投资是投入指标之一。目前水利建设资金主要来源于中央政府和省级政府，县级财政安排很少，民营经济参与较少，因此，本书基础设施投资是指中央和省级财政转移支付的资金。数据源于江西省水利厅。

人力资源是第一资源，因此，水利部门职工人数也是重要的水利建设投入指标。江西省水利厅自2009年始即开始编制"十二五"水利人才规划，对全省水利人才进行了自下而上的统计登记工作。本书人力资源数据源于各县水利部门统计上报资料。

（二）产出指标

水利基础设施的直接产出物有很多，既包括水库总量数、水库库容量，也包括装机总容量和固定机电排灌站数、喷滴灌装机容量、已配套机电井眼数等等，有效灌溉面积、旱涝保收面积，特别是近几年很多投入用于对中小型水库除险加固。但是这些产出物的作用最终还是体现于服务农业生产。因此，本书将本年度灌溉面积、有效灌溉面积和旱涝保收面积作为水利基础设施建设产出指标。这三个指标数据来源于江西省2011年的统计年鉴和中华人民共和国水利部资料。

根据所选指标，截取了2009年和2010年原中央苏区县水利基础设施的投入和产出的相关数据，如表9.1所示：

表9.1　　　　　　原中央苏区县水利基础设施投入产出指标及数据

序号	县名	投入		产出（千公顷）		
		投资（万元）	职工人数（人）	本年灌溉面积	有效灌溉面积	旱涝保收面积
1	信丰县	5300	178	26.81	22.16	18.11
2	上犹县	2500	62	9.43	9.24	7.67
3	崇义县	1600	64	7.14	6.92	6.38
4	安远县	4200	89	10.87	10.29	9.44
5	宁都县	8400	203	32.63	31.56	23.19
6	于都县	8400	206	27.41	26.42	21.63
7	兴国县	5000	232	26.91	24.79	21.41
8	会昌县	5300	88	16.23	15.58	14.13
9	寻乌县	3200	83	11.85	9.38	9.16
10	石城县	3000	84	12.38	11.8	9.81
11	瑞金市	3300	131	25.14	19.61	17.28
12	黎川县	3500	243	12.12	12.12	9.42
13	广昌县	2700	83	10.89	10.73	9.43

　　数据来源：2011年江西统计年鉴。

三　DEA分析估算结果描述性统计分析

　　本书从产出的角度（投入不变的情况下，如何使产出最大化），运用DEAP-2.1软件，采用规模报酬可变（VRS）的方法对表1中的数据进行计算，得到原中央苏区水利基础设施效率评价结果，如表9.2所示：

表9.2　　　　2010年江西省原中央苏区13县水利基础设施效率评价

序号	县名	综合效率值crste	纯技术效率值vrste	规模效率值scale	所处规模报酬生产阶段
1	信丰县	0.812	0.955	0.851	drs
2	上犹县	0.923	1	0.923	irs
3	崇义县	0.762	1	0.762	irs
4	安远县	0.708	0.726	0.975	irs
5	宁都县	0.958	1	0.958	drs
6	于都县	0.792	0.933	0.850	drs
7	兴国县	0.834	1	0.834	drs

序号	县名	综合效率值 crste	纯技术效率值 vrste	规模效率值 scale	所处规模报酬生产阶段
8	会昌县	1	1	1	-
9	寻乌县	0.773	0.825	0.937	irs
10	石城县	0.890	0.923	0.964	irs
11	瑞金市	1	1	1	-
12	黎川县	0.583	0.599	0.972	drs
13	广昌县	0.832	0.896	0.928	irs
均值		0.836	0.912	0.919	

注："drs"为规模报酬递减；"irs"为规模报酬递增；"-"为规模报酬不变。

(一) 水利基础设施综合效率分析

从表 9.2 可知，2010 年江西省原中央苏区县水利基础设施综合效率整体较高，其均值为 0.836。这与我国长期以来对原中央苏区水利基础设施建设方面的进行了大量投资，形成较好的基础分不开。但是 13 个原中央苏区县中，只有会昌县、瑞金市两个县（市）达到了综合效率最优（DEA 有效），即这些县（市）达到了最佳的成本与产量，收益与产量的状态。上犹、宁都县效率也较高。这可能与这些县财力状况相对雄厚，水利设施基础较好，水利设施的建设与维护成本相对较低以及政府公共服务能力较强有关。但是黎川县效率相对较低，这可能与该县水利职工人数多，人力成本大有关。在 13 个县中，该县无论从水利设施投资和各项灌溉面积指标来看均处于中等及偏下水平，但职工人数却高居榜首。

(二) 水利基础设施规模经济效益

简单而言，规模经济的扩大投资引起经济效益增加的现象。规模经济反映的是生产要素的集中程度同经济效益之间的关系。

从表 9.2 可以看出，上犹、崇义、安远、寻乌、石城、广昌 6 县处于规模报酬递增阶段，即意味着这 6 个县，应当继续加大投入，其产出增加愈多。但是数据显示信丰、于都、宁都、兴国、黎川 5 县（市）在水利基础设施建设方面均处于递减的规模报酬阶段，表明这些地区存在资金投入过剩或重复建设的情况，或者是人力资源投入过剩，未能充分发挥物质资本和人力资本投入对增强农业生产抗旱能力的作用。会昌和瑞金处于规模报酬不变阶段，说明其水利基础设施投入配置良好，仍可按照目前的投入配置水平进行投入以推动本地区农业生产发展。

（三）水利基础设施总体技术效率

经济学意义上的技术效率是指投入与产出之间的关系。由科技含量的提高而带来的产出成效，反映了对现有资源有效利用的能力，在给定各种投入要素的条件下实现最大产出的能力，或者给定产出水平下投入最小化的能力。

2010 年原中央苏区县水利基础设施的纯技术效率值高达 0.912，这与我国近年来重视水利建设，以科学技术推动水利事业发展有关。13个原中央苏区县（市）中，6 县（市）达到了技术效率最优，即这些县（市）利用科学技术来改善产出成效，对现有资源有效利用的能力达到最优。4 个县效率值在 0.9 以上或接近 0.9。但是也有两个县效率相对较低，这表明其应当提高水利设施建设的技术水平和管理水平。

第二节　原中央苏区水利设施建设问题成因剖析——基于公共服务能力的视角

从调查的结果来看，当前原中央苏区水利设施建设存在的主要问题有以下几方面：

一　资源汲取能力低，导致水利设施建设财力不足

恩格斯形象地指出："财税是喂养政府的奶娘。"政府财力是提供公共服务的基础，资源汲取能力的大小直接影响基础设施建设的质与量。[①]当前资源汲取能力存在的问题主要体现在以下几个方面：

---

① 李晓园：《当代中国县级政府公共服务能力及其影响因素的实证研究基于鄂赣两省的调查与分析》，中国社会科学出版社 2010 年版，第 185 页。

（一）转移支付少且增长缓慢，个别县出现负增长

2010 年和 2011 年江西原中央苏区 13 个县水利资产投资情况如表 9.3 所示：

表 9.3　　　2010—2011 年江西省原中央苏区县水利投资情况一览表

县名	2010 年投资（万元）	2011 年投资（万元）	2010 年水利投资占地区生产总值比例（%）	2011 年较 2010 年的水利投资增长率（%）
信丰县	5300	5500	0.63	3.77
上犹县	2500	3300	0.9	32.0
崇义县	1600	5700	0.04	256.25
安远县	4200	6700	1.4	59.5
宁都县	8400	11200	1.05	33.33
于都县	8400	1300	0.093	− 84.5
兴国县	5000	9200	0.65	84.0
会昌县	5300	6400	1.25	20.75
寻乌县	3200	2800	0.93	− 12.5
石城县	3000	4300	1.28	43.33.
瑞金市	3300	3200	0.5	− 3.03
黎川县	3500	4400	1.12	25.7
广昌县	2700	3400	1.34	25.93

数据来源：2011 年江西统计年鉴。

从表中不难看出，省级以上政府（含省级政府）对 13 个苏区县水利投资很少，2010 年投资额无一个达到地区生产总值的 2%，有 6 个县在 1% 以下，甚至有两个县不到 0.1%！从增长率来看，崇义县增幅很大，兴国和安远两个县增幅在 50% 以上，余者均在 50% 以下，于都、寻乌、瑞金市 3 县（市）甚至出现负增长，而且于都县负增长率高达 84%！虽然前面 DEA 分析于都县处于规模报酬递减阶段，应当减少资金投入，但减少幅度太大，同样不利于提高水利设施综合效率。因此，水利设施投资太少，增长缓慢，是水利基础设施建设滞后于当地经济社会发展的需要的重要制约因素。

（二）地方资金配套不足，水利建设呈"马太效应"

我国 20 世纪 90 年代实行分税制，在取消农业税、农业特产税及乡统筹和村提留后，县乡财政则明显减弱，主要依靠中央财政转移支付。虽然现在实现了"省直管县"体制改革，县财省管，减少了中间环节，提高了县财能力，但是由于原中央苏区县大多数是国家级贫困县，经济基础薄弱，工业不发达。因此，在没有享受到更多的税收政策下，与东部和中部其他地区的财政实力差距却是越来越多。根据国家现有政策，相关建设资金都需要当地财政配套。如 2010 年会昌县先后获得两批次上级财政补助小农水专项工程 12 座，其中中央财政 50 万元，省级财政 62 万元，但是要求地方配套 125.28 万元。如果当地财力不足难以提供配套资金，就减少了上级政府资金投入的机会，形成贫者愈贫富者愈富的马太效应。

（三）民间资本参与不足

如何创新公共服务方式，整合各种资源，优化配置，以弥补地方政府财力的不足，提供更多更好的公共服务，是资源汲取能力的又一体现。赣州市原中央苏区县通过"财政引导，农民主体，社会捐助"的方式，推进新村镇建设，5 年来整治 20 户以上村庄 13770 个，对 GDP 的投资直接贡献率达 2.23%，不仅解决了新村镇建设中的"灯下黑"问题，而且为进一步推进农村工业化、城镇化和转移农村富余劳动力提供了良好的承接载体。长期以来，关于公共服务的争论主要就是围绕三个问题而展开：提供什么？提供多少？如何提供？前二者是关于公共服务产品的品种和数量、质量问题，后者是涉及公共服务提供的机制问题，是关于政府与市场的功能划分问题。公共服务产品多，差异性大，政府和市场在公共服务中各有利弊，政府的优势在于通过政治过程确定公共服务的目标、数量、标准以及规则，并运用监管、补偿等办法保证执行，其拥有的行政权力使得其能够组织市场不能自动提供的纯公共物品的生产；而市场的优势在于竞争所带来的生产及服务的高效和对市场回应的灵敏。

当前大型水利工程、重点水利工程和流域水利工程的资金由上级政府投资，地方政府配套。小型水利工程并没有列入国家投资范围，而是由县、乡（镇）和群众自己筹资建设和维护，一些农村水利设施建设还主要靠受益群众投工投劳完成，但是一方面原中央苏区政府缺乏有效激励机制吸引民间资本参与水利设施投资，另一方面多种原因导致近年来投工投劳数量也明显减少，政府财力有限，不堪其负。而这个问题在江西省是属于比较普遍的问题。如图 9.2 所示：

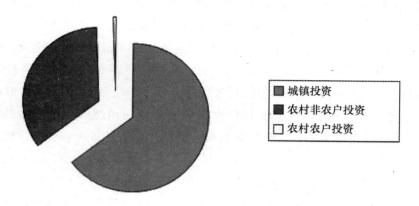

城镇投资
农村非农户投资
农村农户投资

图 9.2　2010 年江西省水利设施投资构成图①

此外农民用水付费的观念越来越淡薄，通过向受益农户收取水费的办法来维持小型农田水利设施管理与维护的工作难度很大。由于直接把水引向田间的斗渠、农渠以及无数的毛渠所需要的资金由地方和农户投入，当地经济基础薄弱，资金不足，使得水利"最后一公里"管道（渠道）现象普遍。

二　规划能力不强，影响水利设施供需平衡

科学规划，合理定位是加强基础设施建设，提高其服务效能的前提。政府在区域经济社会发展中起着引导和服务的关键作用，在资源环境约束条件下，如何对水利基础设施进行合理布局，直接影响着公共服务产品的数量与质量，影响着原中央苏区县经济社会的发展。由于主客观原因，当前原中央苏区政府规划能力差强人意，主要体现在以下几个方面：

---

① 数据来源于 2011 年江西省统计年鉴。

（一）部分主要领导制定规划的理念偏颇

理念支配行为，制定规划必须要有正确的理念。但是在制定规划时，有些政府主要领导对规划制定缺乏系统科学的思维，头痛医头，脚痛医脚，甚至受政绩考核的影响，热衷于面子工程，忽视隐形工程；关注地上工程，漠视地下防洪排涝工程。因此，每当下大雨时，县城乡镇便往往成为泽中之国。

（二）决策流程欠科学，公民利益诉求表达不够

目前除了一些农村水利基础设施采取"一事一议""筹资筹劳"确定外，大多数水利设施供给数量、范围、地区和品种采取的是自上而下的决策程序，这种决策结果深受上级政府偏好影响，加之资料难以有效收集，又缺乏众多平台了解利益主体的需求意愿，信息不对称。因此，编制的规划不够科学，甚至存在重复投资现象，既降低了水利投资的效率，同时又影响了水利设施的供需平衡。

随着民主建设进程的加快，原中央苏区从政府到公民参政的意识也逐步增强。但是编制的规划在具体征询公民意见时，存在征询时间短、征询规划的必要信息公开不充分等问题。虽然原中央苏区政府网站信息公开，但是网站上作为规划征询所必须拥有的信息却是不充分的，再加之对规划提出建议也常常需要一定的专业知识。因此，大多数水利设施受益方并没有有效地行使自己的权利。

三 资源配置能力弱，导致产出不高

目前在原中央苏区基础设施投资方面基本上属于高投入低产出的状况。资源配置能力存在的主要问题有：

（一）资金来源分散，利用率不高

由于行政管理体制的原因，对同一资源配置往往涉及多个部门，不能协调统一，有限资源被分散，降低资源的最大化利用。决策者的公平—效率价值观、对党和国家政策的理解、认同以及管理能力都深刻影响着资源配置的方式和内容。县级政府资源的配置既包括宏观资源配置，也包括微观资源配置，宏观资源配置是政府将资源在不同地区和不同领域的配置，如现阶段政府重点加大对农村公共服务的投入，加大对教育、医疗卫生、养老等基本公共服务的投入。微观资源配置能力则是政

府为完成某地区或某领域的某一项具体目对人力资源、物力资源、财力资源、信息资源等的配置。显然政府微观资源配置和企业资源配置相似，主要受管理者的管理水平影响。以水利资金来源为例，涉及农业局、扶贫办、水利局、国土局、财政局、农业开发，甚至烟草等多个部门，各部门所分配的资金数量不多，分散使用，效率不高，但是如果将这些资金予以整合，却能集中力量发挥更大的作用。

（二）人力资源配置不合理，不能适应现代水利事业发展

水利人才队伍建设是建设现代水利，促进水利事业快速和可持续发展发展的关键。由于原中央苏区经济状况较差，难以有效地吸引和保留专业技术人才，甚至本地的人力资源也大量往外流。目前这 13 个原中央苏区县水利人才存在"老、低、偏"现象。"老"是年龄结构偏老化。13 县的水利职工平均年龄 40.5 岁，35 岁以下人员（含 35 岁）占总人数的 34%，51 岁以上的人员占总人数的 19.0%。"低"是指人才队伍学历不高。13 个县水利职工中，只有 1 位硕士，本科学历占人才总量的比例仅为 9%，中专及其以下学历者占 58%。"偏"是指专业结构不合理，偏离水利专业人才数量多。13 县中，系统接受过水利专业教育的人才所占比例不足 30%。即使在专业技术人才中，非水利专业的人数比例也高达 40.5%，县级水利局一般 5~7 名管理干部，但大多数县只有 1~2 名水利专业干部，少数地方甚至只有一名水利专业毕业的干部。有的县二十余年来几乎未增专业技术人员，水管单位转制时，又流失不少专业技术人员。但是新时期水利工作任务和范围有了较大扩展，对水利人力资源提出了更高的要求。显然基层水利人力资源队伍现状已制约了水利设施建设与后续管理工作的顺利开展。

四　执行能力不高，影响各项政策目标的实现

执行能力是实现水利基础设施建设目标的关键因素。原中央苏区水利基础设施建设中执行能力不高除了受人力资源因素影响外，还主要受管理体制和资金等因素制约。

（一）资金缺口大，规划目标部分达成

在水利基础设施建设目标中，上级政府拨付资金时基本上都要求地方政府予以相应的资金配套，这两者的资金是基础设施建设项目的总投

资。但是由于原中央苏区县财政薄弱,外引资源不多,虽然千方百计自筹资金,但还是缺乏足够的配套资金,导致建设项目一再延期,或者规模与质量打折。许多已建水利设施得不到维护,老化失修,病险水库得不到治理和加固,渠道淤塞,渗漏严重,不能发挥设计效益,水利用系数低。以宁都县为例,其水利投资基本上为省级以上资金,80 年代初,县级财政投入小农水资金 108 万元,从 80 年代末至 2009 年县级财政每年仅有 50 万元左右,从 2010 年开始实施小农水重点县建设,至 2012 年,中央、省、县和农民投工投劳等总投资将达 2 亿元,但是该县农田水利工程建设与改造资金预计需要 8.93 亿元,存在很大的资金缺口。

(二) 重建轻管,“建、管、用”脱节

水利设施建设及后续管理管理制度不完善,加之水利人才队伍薄弱,管理粗放。从目前水利基础设施建设与后续服务来看,建设、管理、使用脱节。许多水利工程特别是小型水利工程管理主体不明确,重建轻管,甚至无人管理。原中央苏区县小型水利工程名义上由乡镇、村管理,但实际上常常处于无人管理状态,很难组织开展较好的渠道清淤等面上的水利建设,导致设施提前老化,使用成本增加,利用效率降低。水利设施长期无法正常使用又进一步造成无人用无人管理的局面,形成恶性循环。

第三节　加强水利设施建设的政策和建议

一　加快水利投融资体制改革,减免配套资金与拓宽资金来源相结合

建立长期、稳定的水利特别农村水利投资机制,是保证水利全面协调可持续发展的基础。水利基础设施作为准公共产品,具有不充分的非竞争性和不完全的非排他性,存在着服务网络的外部性,收益和成本并不是由交易的一方承担而是由多方分摊[1],故水利基础设施既可以由政府提供服务,也可以由市场提供服务,当然政府具有监管责任。因此,

---

[1]　Darrin Grimsey, Mervyn k Lewis. PUBLIC PRIVATE PARTNERSHIPS: The Worldwide Revolution in Infrastructure Provision and Project Finance [M]. 中国人民大学出版社,2001:25—27.

应当引入市场机制，逐步建立政府投资、政策引资、社会筹资、村集体出资、农民集资等投融机制。一是鉴于原中央苏区对中国革命的历史贡献和经济基础薄弱的现实情况，取消水利项目建设的配套资金要求。二是统筹规划，将水利基础设施建设与新农村建设相结合，整合发改、国土、农发办、扶贫办、水利等部门分管的涉水资金，集中投入，提高资金使用效率。三是设立县级水利建设补助专项资金，激励公民投资水利建设。宁都县设立"民办公助"项目补助资金的做法取得了较好的效果。四是建立水利可持续发展基金专户。对小型农田水利工程进行产权制度改革，盘活水利资产，获得资金存入基金专户，用于水利再发展。

二　科学编制水利设施建设规划，增强公共服务的有效性

水利基础设施特别是大中型水利项目通常涉及较大的投资，而且其沉没成本也相当可观。即意味着，在一项服务为大众使用前，其全部成本的大部分已经事先支付了，而且不可撤销。因此，科学编制水利基础设施规划，合理布局水利工程就显得非常重要。要改革现行的"自上而下"的水利建设决策机制，广泛征询水利设施服务对象的需求意愿，充分利用新媒介，为公民充分表达诉求搭建平台。

三　提升水利行业科学管理化水平，提高水利设施的使用效率

水利设施作为公共物品，生产成本和收益是分离的，在获得一个既定的产出时，投入过多不必要资源的可能性大大增加，同时由于人们对公共物品的数量和质量，对政府的投入产出进程无法准确把握和测量，导致政府低效运行得以持续[1]。因此，必须要有制度安排提高政府运行效率。一是要完善水利基础设施建设立项、建设、后评估制度和后续管理制度，实现水利基础设施从立项到服务的全程科学管理。二是以政策为导向，建立民营水利社会化组织，如广泛组建农民用水户协会，参与农田水利工程建设和管理。三是要加快小型水利设施产权制度改革，采取承包、股份合作、租赁、拍卖等形式，搞活经营权、落实管理权，建

---

① 句华：《公共服务中的市场机制：理论、方式与技术》，北京大学出版社 2006 年版，第 27 页。

立起民生水利建设管理的良性运行机制。

四　改革水利人力资源管理体制，构建高效精干的人才队伍

必须改变目前原中央苏区水利人力资源队伍结构不合理现状，以服务基层水利发展为导向，以提升县以下基层单位水利人才学历和专业能力为重点，培养一批实用技术人才，改善结构，提升人才队伍整体素质。

一是深化人事管理制度和机制改革。外部考任制与内部选拔制相结合，委任制与聘用制相结合。要通过公务员考试、事业单位考试等方式选拔优秀大学生充实这支队伍，使其在基层工作中得到锻炼。考虑到一些基础设施建设部门如水利工作条件比较艰苦，可以根据岗位的性质适当聘用一些非公务员的本土优秀人才，这类人才较稳定，对当地经济文化了解也更加深入，且更易于与普通居民沟通，做好当地的公共服务工作。

二是加大水利人才培训力度。通过水利人才培训基地样板工程、职业技能竞赛、基层水利人才全面轮训等三大工程来促进基层水利人才队伍建设。

三是设立基层水利人员地区津贴，提高待遇，稳定队伍。

参考文献

[1]《春耕运动在瑞京》,《斗争》第 54 期第 8 版,1934 年 4 月 7 日。

[2]《福建省发展和改革委员会福建省水利厅关于闽江上游沙溪流域防洪三期工程(苏区县)初步设计的批复》(闽发改农业〔2012〕307 号)。

[3]《关于赣闽粤原中央苏区振兴发展规划的批复》(国函〔2014〕32 号)。

[4]《关于做好 2014 年提高重点高校招收农村学生比例工作的通知》(教学〔2014〕2 号)。

[5]《国务院关于罗霄山片区区域发展与扶贫攻坚规划(2011—2020 年)的批复》(国函〔2012〕216 号)。

[6]《国务院关于支持赣南等原中央苏区振兴发展的若干意见》(国发〔2012〕21 号)。

[7]《江西苏区中共省委工作总结报告(1、2、3、4 月总报告)》(1932 年 5 月),《中央革命根据地史料选编》(上),江西人民出版社 1982 年版,第 454 页。

[8]《省级扶贫开发工作重点县人才支持计划科技人员专项计划实施方案》(国科发农〔2014〕105 号)。

[9]《苏维埃建设》,《红色中华》,人民出版社 1982 年版,1934 年 1 月 26 日。

[10]《赵新、胡天一关于汀州情况的报告》(1928 年 1 月),中央档案馆、福建省档案:《福建革命历史文件汇集(1928—1931)》。(内部稿),1985 年 7 月。

[11]《支持赣南等原中央苏区振兴发展重点工作部门分工方案》(赣府

厅字〔2012〕176 号）。

［12］《中共福建省委、福建省人民政府关于进一步扶持省级扶贫开发工作重点县加快发展的若干意见》（闽委发〔2013〕8 号）。

［13］《中华苏维埃共和国劳动法》，载林卫里主编：《闽西苏区法制史料汇编》，古田会议纪念馆 2008 年版。

［14］《中华苏维埃共和国宪法大纲》（1934 年 1 月），《江西社会科学》编辑部：《中华苏维埃共和国中央政府文件选编》（内部稿），1981 年 9 月。

［15］《中华苏维埃共和国中央执行委员会与人民委员会对第二次全国苏维埃代表大会的报告》，江西省档案馆、江西省委党校党史教研室：《中央革命根据地史料选编》（下），江西人民出版社 1982 年版。

［16］《中央财政人民委员部会计规则》，江西省税务局等编：《中央革命根据地工商税收史料选编》，福建人民出版社 1985 年版。

［17］北京经济学院财政教研室：《中国近代税制概述（1840—1949）》，首都经济贸易大学出版社 1988 年版。

［18］本书编写组：《江西苏区交通运输史》，人民交通出版社 1991 年版。

［19］财政部农业财务司：《新中国农业税史料丛编第一册第一、二次国内革命战争时期革命根据地的农业税政策法规》，中国财政经济出版社 1987 年版。

［20］陈立明等编：《中国苏区辞典》，江西人民出版社 1998 年版。

［21］程漱兰：《〈世界银行发展报告〉20 年回顾（1978—1997）》中国经济出版社 1999 年版，第 7 页。

［22］德峰：《对于财政统一的贡献》，《红色中华》1932 年 3 月 16 日。

［23］董源来等：《中央苏区教育简论》，江西高校出版社 1999 年版。

［24］董志凯：《我国农村基础设施投资的历史变迁（1950—2000）》，《中国经济史研究》2008 年第 3 期。

［25］段永瑞：《数据包络分析—理论和应用》，上海科学普及出版社 2006 年版，第 3 页。

［26］傅修海：《时代觅渡的丰富与痛苦——瞿秋白文艺思想研究》，中

国社会科学出版社 2011 年版。

[27] 郭文韬、曹隆恭：《中国近代农业科技史》，中国农业科技出版社 1989 年版。

[28] 胡小明：《智慧城市的思维逻辑》，《电子政务 E-GOVERN-MENT》，2011 年第 6 期。

[29] 黄湘莲：《公民文化与民族精神的重构》，《中州学刊》2007 年第 7 期，第 133 页。

[30] 江西省地区志编纂委员会：《江西省苏区志》，方志出版社 2004 年版。

[31] 江西省统计局，国家统计局江西调查总队：《2013 年江西统计年鉴》，中国统计出版社 2014 年版。

[32] 金戈：《中国基础设施资本存量估算》，《经济研究》2012 年第 4 期。

[33] 句华：《公共服务中的市场机制：理论、方式与技术》，北京大学出版社 2006 年版，第 27 页。

[34] 李晓园：《提高县域农村公共服务质量的主要对策探讨》，《中州学刊》2008 年第 5 期，第 17 页。

[35] 亮平：《经济建设的初步总结》，江西省档案馆、中共江西省委党校党史教研室：《中央革命根据地史料选编》（下），江西人民出版社 1982 年版。

[36] 刘刚、张再生、梁谋：《智慧城市建设面临的问题及其解决途径——以海口市为例》，《城市问题》2013 年第 6 期。

[37] 刘海英：《广东农田水利基础设施现状及其管理体制改革》，《华南农业大学学报》（社会科学版）2008 年第 1 期。

[38] 龙焕奇：《毛泽民办中华钨矿公司》，舒龙：《毛泽民》，军事科学出版社 1996 年版。

[39] 《马克思恩格斯全集》（第 7 卷），人民出版社 1959 年版，第 94 页。

[40] 毛泽东：《长冈乡调查》，载《毛泽东农村调查文集》，人民出版社 1982 年版。

[41] 毛泽东：《兴国调查》，载《毛泽东农村调查文集》，人民出版社

1982 年版。

[42] 毛泽东：《寻乌调查》，载《毛泽东农村调查文集》，人民出版社
1982 年版。

[43] 盘古山钨矿志编纂委员会：《盘古山钨矿志》，1990 年。

[44] 钱理群等：《中国现代文学三十年》，北京大学出版社 1998 年版。

[45] 邵丹、蒋晗芬：《政府主导下的农村交通基础设施建设模式及其
借鉴——韩国新农村运动道路交通建设考察》，《上海城市规划》
2007 年第 3 期，第 49—50 页。

[46] 王观澜：《春耕运动总结与夏耕运动任务》，《红色中华》1934 年
5 月 28 日。

[47] 王浦劬：《政治学基础》，北京大学出版社 2005 年版。

[48] 王守清、柯永健：《特许经营项目融资》，清华大学出版社 2008
年版，第 7、25 页。

[49] 危仁晸：《江西革命歌谣选》，江西人民出版社 1991 年版。

[50] 相婷婷、张长征：《农村水利基础设施的供需均衡分析》，《中国
农村水利水电》2014 年第 1 期。

[51] 肖易漪、孙春霞：《国内智慧城市研究进展述评》，《电子政务 E-
GOVERNMENT》2012 年第 11 期。

[52] 肖正冈：《兴国长冈乡优待红军家属的优点》，《红色中华》1934
年 5 月 16 日

[53] 薛江华等：《广东新增四县（区）为中央苏区》，羊城晚报讯，
第 A06G 版：政闻，2013.08。

[54] 薛澜、张强、朱卫东：《我国基础设施建设制度的建构原则》，
《中国软科学》2001 年第 12 期。

[55] 杨光斌：《政治学导论》，中国人民大学出版社 2000 年版。

[56] 于都县志编纂委员会编：《于都县志》，新华出版社 1991 年版。

[57] 余伯流、凌步机：《中央苏区史》，江西人民出版社 2001 年版。

[58] 运城市老促会：《山区老区农村道路建设中存在的问题与建议》，
《中国老区建设》2011 年第 11 期。

[59] 张军、高远、傅勇、张弘：《中国为什么拥有了良好的基础设
施？》，《经济研究》2007 年第 3 期。

［60］张启智、严存宝：《城市公共基础设施投融资方式选择》，中国金融出版社 2008 年版，第 11 页。

［61］张旺、周李军、邵天一：《韩国"新农村运动"的做法及经验》，《水利发展研究》2006 年第 4 期，第 50 页。

［62］张玉龙、何友良：《中央苏区政权形态与苏区社会变迁》，中国社会科学出版社 2009 年版。

［63］中共赣州地委党史工作办公室编：《红土魂》（赣南党史资料第 13 辑），1990 年 10 月。

［64］中央财政人民委员部：《筹款办法》（1932 年 11 月），赵增延、赵刚：《中国革命根据地经济大事记 1927—1937》，中国社会科学出版社 1988 年版。

［65］钟璐：《BOT 融资模式和 ABS 融资模式分析》，《科技与管理》2007 年第 4 期。

［66］周运祥、曹国华、杨肖：《中外基础设施建设融资模式对比研究》，《水利水电快报》2005 年第 9 期。

［67］〔美〕加尔里埃尔·A. 阿尔蒙德·西德尼·维伯，徐湘林译：《公民文化》，华夏出版社 1989 年版，第 23—24 页。

［68］Darrin Grimsey, Mervyn k Lewis. PUBLIC PRIVATE PARTNERSHIPS：The Worldwide Revolution in Infrastructure Provision and Project Finance，中国人民大学出版社 2001 年版，第 25—27 页。